Historische Kommission für die Provinz Sachsen

Beschreibende Darstellung der älteren Bau- und Kunstdenkmäler der Provinz Sachsen und angrenzender Gebiete

Historische Kommission für die Provinz Sachsen

Beschreibende Darstellung der älteren Bau- und Kunstdenkmäler der Provinz Sachsen und angrenzender Gebiete

ISBN/EAN: 9783743491120

Hergestellt in Europa, USA, Kanada, Australien, Japan

Cover: Foto ©Thomas Meinert / pixelio.de

Manufactured and distributed by brebook publishing software (www.brebook.com)

Historische Kommission für die Provinz Sachsen

Beschreibende Darstellung der älteren Bau- und Kunstdenkmäler der Provinz Sachsen und angrenzender Gebiete

Beschreibende Darstellung

der älteren

Bau- und Kunstdenkmäler

der

Provinz Sachsen

und angrenzender Gebiete.

Herausgegeben

von der

Historischen Commission der Provinz Sachsen.

Sechstes Heft.

Der Kreis Weissensee.

Mit 46 in den Text gedruckten Abbildungen.

Halle a. d. S.

Druck und Verlag von Otto Hendel.

1882.

Beschreibende Darstellung

der älteren

Bau- und Kunstdenkmäler

des Kreises Weissensee.

Unter Mitwirkung
von
Dr. th. Heinrich Otte, Past. em.,
bearbeitet
von
Gustav Sommer,
Königl. Bauinspector a. D.

Herausgegeben von der Historischen Commission der Provinz Sachsen.

Das Rathhaus zu Sömmerda.

Halle a. d. S.
Druck und Verlag von Otto Hendel.
1882.

Einleitung.

Als nach den Befreiungskriegen ein Theil des Königreichs Sachsen dem preussischen Staate zugefallen war, wurde im Jahre 1815 der jetzige landräthliche Kreis Weissensee im wesentlichen aus dem alten thüringisch-sächsischen Amte gleiches Namens gebildet. Abgetrennt von letzterem wurden nur die Orte Grossfurra und Bendeleben, die das Fürstenthum Schwarzburg-Sondershausen, ferner Krannichborn und Nöda, die das Grossherzogthum Sachsen-Weimar erhielt, und endlich das Dorf Grossmonra, welches zu dem Kreise Eckartsberga geschlagen wurde. Dagegen wurde dem neu gebildeten Kreise Weissensee das zum Erfurter Gebiete gehörige ehemals kur-mainzische Amt Sömmerda hinzugefügt, welches nur aus der Stadt dieses Namens und den beiden Dörfern Rohrborn und Schallenburg bestand, und abgesehen von der 1807 bis 1813 während französischen Occupation, bereits durch den Reichsdeputationshauptschluss vom 6. Juni 1802 an Preussen gelangt war.

Das Territorium des nicht besonders arrondirten Kreises umfasst etwa $5^{2}/_{3}$ geographische Quadratmeilen mit rund 27000 Einwohnern; es gehören zu demselben 4 gering bevölkerte Städte (Gebesee, Kindelbrück, Sömmerda und Weissensee), von denen Sömmerda die grösste und Kindelbrück die kleinste ist, 1 Marktflecken (Günstedt) und 26 Dörfer, zum Theil von bedeutender Grösse; ausserdem 4 selbständige, isolirt gelegene Güter (das Klostergut Bonnrode, das Stiftungsgut Griefstedt und die beiden Rittergüter Schönstedt und Stödten). Die sämmtlichen Dörfer und das Stiftungsgut Griefstedt haben eigene Kirchen, unter denen sich nur einige wenige Filiale befinden.

Nach einer alten Rede, welche die Wartburg als das Haupt und Eckartsberga als den Fuss des thüringer Landes bezeichnet, wird Weissensee mit Vorliebe das Herz Thüringens genannt, und in der That hat sich nirgends so wie in dieser Gegend die echt thüringische Weise, auch in der ungemischten eigenthümlichen Mundart zu behaupten gewusst. Die Anlage der Dörfer, das eigenthümlich ausgeprägte Gemeindewesen, die Zerlegung der Felder in zahllose Wandelläcker war ganz so, wie bereits in Heft II. S. 3 f. ausführlicher beschrieben, verschwindet aber wie anderswo auch hier je länger je mehr infolge der durchgeführten Gemeinheitstheilungen.

Sämmtliche Ortsnamen sind ungemischt deutsch. Die Endung —stedt ist 6 mal vertreten, wobei der Vordersatz theils auf örtliche Eigenschaften, theils auf

Personennamen zurückzuführen sein wird; die Endung —sömmern kommt 4 mal vor und scheint auf sumpfige, durchlassende Beschaffenheit des Bodens zu deuten; die Endung —hausen erscheint 4 mal, die Endung —leben 3 mal, beide in Verbindung mit Personennamen; die Endungen —dorf und —see finden sich je 2 mal; letztere bezeichnet die Lage an einem See.[1] Ausserdem kommen je einmal vor die Endungen — rode, — furt, —ingen, —born, — brück, —burg, — schwende (= rode) und —siss (= sedes, Sitz).

Nach der ältesten Landeseintheilung gehörte der grösseste Theil des Kreises zum „Altgau," welcher von Mühlhausen bis Griefstedt, von der Unstrut bis auf den „Horn," den die Wasserscheide zwischen Unstrut und Wipper bildenden, mit der Haynleite parallel streichenden Höhenzug reichte. Zu dem südlich von der Unstrut gelegenen Gau „Südthüringen" gehörte nur der Strich zwischen Sömmerda und Gebesee; das sich auf beiden Seiten der Unstrut erstreckende Gebiet von Gebesee lag also in beiden Gauen. — Die wichtigsten politischen Ereignisse, die den Kreis während der thüringisch-sächsischen Zeit berührt haben, sind in den einleitenden Bemerkungen zu dem die Kreisstadt betreffenden Artikel (s. Weissensee) erwähnt.

In kirchlicher Beziehung gehörte das Amt Weissensee im Mittelalter zum bischöflichen Sprengel der Erzbischöfe von Mainz, und zwar zu dem Archidiaconate Jechaburg; das Amt Sömmerda stand unter dem Domstifte S. Mariae in Erfurt, und Gebesee unter der Sedes Herbisleben des Gothaer Archidiaconats. — In Griefstedt hatten die Deutschen Ritter, und in Weissensee die Johanniter eine Commende; ausserdem waren nur die Frauenklöster Bonnrode und Ottenhausen für Benedictinerinnen, und Gross-Ballhausen für Cisterziensernonnen vorhanden.

Der Hauptfluss des Kreises ist die Unstrut (s. Heft IV. S. 4); sie betritt ihn südwestlich, unweit Gebesee, und verlässt ihn als ansehnlicher Fluss nordöstlich, unterhalb Griefstedt, nachdem sie rechts die Gera (die nur unweit ihrer Mündung bei Gebesee den Kreis berührt), die Gramme und die Lossa, links den Schumbach, den Prüsebach, die Helbe und die Wipper aufgenommen hat. Die Helbe wurde schon im 14. Jahrhundert oberhalb Greussen durch ein Wehr abgefangen und in einem nach Weissensee geleiteten Arme der Thalsohle entzogen, während der wasserarme Wildbach den Namen „Lache" annahm. — Längs der Unstrut erheben sich zum Theil unbedeutende Höhenzüge, die nirgends eine Meereshöhe von 325 ᵐ erreichen; der niedrigste Punkt liegt an der Unstrut bei Kindelbrück und hat nur gegen 178 ᵐ Höhe. — Am östlichen Rande des Kreises drängen sich die Wasserläufe sehr nahe zusammen, und die sich hier ausdehnenden feuchten Wiesen, die häufigen Ueberschwemmungen unterworfen sind, werden (wie auch anderswo in Thüringen) „Riothe" genannt. Auch bei Gebesee erstrecken sich ausgedehnte sumpfige Niederungen von 1000 bis 1200 Hektaren, wo bei dem trägen Abflusse der Gewässer die Entwässerung misslich ist, und man deshalb der Nutzung des „saueren" Graswuchses die Anzucht von Erlen und Weiden vorzieht.

---

[1] In Beziehung auf den Namen der Stadt Weissensee ist dies unzweifelhaft; wegen Gebesee vergl. den betreffenden Artikel S. 11.

Bei der Fruchtbarkeit des Bodens und dem Mangel an volk- und verkehrreichen Städten ist der Ackerbau die Hauptnahrungsquelle der Bevölkerung. — Der grösste Theil der Gebäude besteht aus Steinfachwerkbauten mit Ziegeldächern, und auch auf dem platten Lande nehmen die noch hie und da vorhandenen Strohdächer von Jahr zu Jahr mehr ab.

Literarische Hilfsmittel: F. B. Frhr. von Hagke, Historisch-statistisch-topographische Beschreibung des Weissensee'r Kreises vom Jahre 1863, nach amtlichen Quellen bearbeitet (mit einem Nachtrage vom Jahre 1875). — Derselbe, Urkundliche Nachrichten über die Städte, Dörfer und Güter des Kreises Weissensee. Beitrag zu einem Codex Thuringiae diplomaticus. Weissensee 1867. (Dieses, ein fast überreiches, doch nicht streng kritisch gesichtetes Material darbietende, umfängliche Werk ist von uns vorzugsweise benutzt und der Kürze wegen „von Hagke" citirt.) — Die Städte Weissensee, Kindelbrücken, und das Dorff Straussfurt. Beschrieben durch A. Toppium. Erffurdt. Gedruckt bei Christoph Küchen. 1662. 4. (Ueber den Verfasser vergl. Heft II. S. 76).
Einige Monographien sind betreffenden Orts besonders angeführt.

Kreis Weissensee.

(Gross-)Ballhausen.

Pfarrkirchdorf mit zwei Rittergütern, 13 Km. westsüdwestlich von Weissensee am nördlichen Rande der Unstrutaue. — Ein Ort Balenhusen kommt in dem Fuldaer Güterverzeichnisse des Mönches Eberhard (um 1150) vor, als Geschenk eines im 8. Jahrhundert lebenden Tancmar, und ein Rittergeschlecht de Balnhusin, de Balnehusen, de Ballenhusen findet sich seit dem 12. bis ins 14. Jahrhundert. Da in Urkunden Ballhausen oft ohne nähere Bezeichnung erwähnt wird, bleibt es zweifelhaft, ob Gross- oder Klein-Ballhausen gemeint ist; doch wird schon im 13. Jahrhundert zwischen beiden Dörfern unterschieden, und ein „*Wideroldus plebanus de Maiori Ballinhusen*" wird um 1250 urkundlich genannt. In dem Dorfe hatten die verschiedensten Adelsgeschlechter Besitzungen, und ausserdem war hier besonders das Kloster Volkerode begütert. Im Jahre 1407 wurden die Gebrüder Berld und Berld von Husen mit dem Schloss, Dorf und Gericht über Hals und Hand zu Grossen-Ballenhusen belehnt, und diese Familie befindet sich noch jetzt im theilweisen Besitze; im Jahre 1634 nämlich hatte eine Theilung der Güter stattgefunden, so dass Philipp von Hausen „den rothen Hof" erhielt, und Hans Friedrich von Hausen „den grünen Hof." Der rothe Hof wurde im 18. Jahrhundert verkauft und hat seitdem die Besitzer öfter gewechselt; der grüne Hof ist noch im Besitze der Familie von Hausen. In den Jahren 1659 und 1721 wurden die sämmtlichen Gebäude beider Rittergüter durch Feuer gänzlich zerstört, und von älteren Bauten ist nichts nachgewiesen.

Der Ortssage zufolge sollen in dem Dorfe zwei Cisterzienserklöster existirt haben: eines für Mönche, das andere für Nonnen; ersteres soll hinter der Kirche auf der sogenannten grossen Scheibe gelegen haben, letzteres am äusseren Wege auf der kleinen Scheibe. Das Nonnenkloster wurde 1326 nach Grossfurra (bei Sondershausen) verlegt; weiter ist darüber nichts bekannt.

Das Gemeindesiegel von Gross-Ballhausen zeigt eine Fortuna mit fliegendem Haar, die mit dem rechten Fuss auf einer Kugel schwebt und in der rechten Hand eine Fahne trägt; die Umschrift lautet: **Gemein Grosin Balhausen.**

Die Kirche, welche im übrigen interesselos ist, hat eine Spitzbogenthür mit Fig. 1 a gezeichnetem Profil und die Inschrift Fig. 1 b. Ausserdem steht auf einem Steine die Inschrift Fig. 1 c und dahinter in einem vertieften Felde das Steinmetzmeisterzeichen Fig. 1 d. Der Thurm hat zweifache schmale rundbogige Schallöffnungen.

Die drei Glocken von 1,29, 1,03 und 0,85 m Durchmesser sind von C. F. Ulrich in Apolda gegossen, die grosse und die kleine 1874, die mittlere 1878. Die früher vorhandenen Glocken datirten von 1836, 1688 und 1694, die Inschriften und Wappen derselben s. bei von Hagke S. 307.

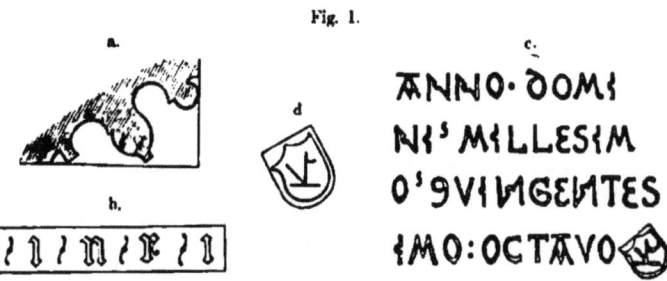

Fig. 1.

(Klein-) Ballhausen.

Pfarrkirchdorf, 14 Km. westsüdwestlich von Weissensee nahe bei Gross-Ballhausen (s. d.) belegen und in deutschen Urkunden des 15.—17. Jahrhunderts meist Wenigen-Balnhausen genannt. Es war landesherrlich und wurde von den Landgrafen vielfach verpfändet. Das Hauptgut daselbst mit dem (1436 als sehr baufällig und zu Anfang des 16. Jahrhunderts als wüst bezeichneten) Schloss wurde von den Grafen von Honstein, welche es von Hugo von Herbesleyben gekauft hatten, als Sühne 1319 an den Landgrafen Friedrich abgetreten, welcher dasselbe 1336 wieder an einen Grafen von Honstein verpfändete. Nachdem es später in den Pfandbesitz verschiedener Adligen gelangt war, wurde es von Herzog Georg von Sachsen 1518 eingelöst und kam als Lehn an die von Werthern, die das Gut, für welches sie 1718 die Schriftsässigkeit erlangt hatten, 1720 an einen von Berlepsch verkauften; seit 1732 hat es die Besitzer mehrfach gewechselt.

Die dem heil. Aegidius geweihte Kirche steht unter dem Patronate des Rittergutsbesitzers und bietet nichts Bemerkenswerthes dar. An der Nordseite des Thurmes befindet sich ein stark verwittertes Sandsteinrelief mit der Jahreszahl 1496. (s. nebensteh.); es ist sehr gross angelegt und stellt die Kreuzigung Christi dar; die Figuren sind steif und ungelenk. — In der Kirche hat sich ein Altarschrein mit geschnitzten Heiligenfiguren erhalten.[1] An der Nordwand befindet sich ein grosses Steingrabmal, auf welchem in langen, talararigen Kleidern ein Ehepaar mit vier Kindern, drei Söhnen und einer Tochter, dargestellt ist. Die in späten Minuskeln ausgeführte Umschrift giebt folgende Auskunft:

---

[1] Inmitten Christus auf einem Felsblock reitend und neben ihm 6 unbestimmbare Figuren; auf den beiden Flügeltafeln 12 Heilige, etagenförmig je 3 über einander. Man erkennt darunter S. Paulus, Mauritius, Andreas, die Madonna, S. Barbara und Magdalena; die übrigen sind nicht zu bestimmen, da die Attribute fehlen. O. S.

anno 1552 dornstagt nach S. Matheus
tagt ist | die Ehrbahr vd Tugentsame fraw] Martha
eine geborne von Werther in gott verschieden vnd hat denn Edlen vnd
Erbhesten Anthonsen von Werther 7 Jar gebabt vnd mit ym
gez: heinrich, Katherine + hans und Moritz.
der gott genädig sei.

An den vier Ecken des Steins sind die verwitterten Wappen der vier Ahnen (v. Werthern, ein Schild mit einem Hahn, ein anderes mit einem Löwen etc.) angebracht. — Ausserdem sind noch drei Grabsteine aus dem 16. Jahrhundert vorhanden, von 1530 und 1550 (mit zwei Rittern in Rüstung, der eine mit dem von Werthern'schen Wappen); von 1562 (Christoph von Werthern, in spanischer Tracht). Vergl. v. Hagke S. 393.

Die drei Glocken haben 1,01, 0,81 und 0,64" Durchmesser. Die mittlere ist 1633 von Jacob König in Erfurt, die kleinste 1744 durch Kutschbauch von Naumburg, die grosse 1749 von Joh. George Ulrich in Laucha gegossen. Auf der ältesten Glocke ist das v. Werthern'sche und v. Hopfgarten'sche Wappen; die beiden anderen sind mit den Wappen derer v. Keudel und v. Wangenheim geschmückt. Die Inschriften sind bei v. Hagke a. a. O. abgedruckt.

Bonnrode.

Klostergut, 12 Km. nordnordwestlich von Weissensee, nahe dem Dorfe Ober-Bösa auf dem höchsten Punkte des Kreises belegen, im Mittelalter Bunrode, im 16. Jahrhundert Bonrode geschrieben. Der Ort war sammt der dortigen Kapelle und allem Zubehör seit 1122 durch Schenkung des ohne männliche Erben verstorbenen Heinrich von Bunroth im Besitze des Klosters Reinhardsbrunn. Das hier befindliche, im Bauernkriege 1525 zerstörte und verlassene, der Benedictinerabtei Reinhardsbrunn untergeordnete und vermuthlich von dort aus gegründete Nonnenkloster, welches erst seit 1273 in Urkunden erwähnt wird, lag am sogen. „alten Garten," nordöstlich vom jetzigen Gutsgehöfte, dicht vor dem Holze und am Anfange des nach Osten abfallenden Bergabhanges, wo sich noch allerlei Steingeröll und unterirdische Mauerreste finden. Nach einem Berichte von 1544 war die damals schon als Scheuer dienende, verunstaltete Klosterkirche „ein ziemlich gewaltiger Bauhe, mit hohen Chorkapellen, alles von Werkstücken und Quadersteinen; das Schlafhaus, ebenfalls von Werkstücken und Quadersteinen, war bei 60 Ellen lang." Vergl. v. Hagke S. 218 ff.

(Ober-) Bösa.

Pfarrkirchdorf, 11 Km. nordwestlich von Weissensee. Ob unter dem in dem Hersfelder Güterverzeichniss aus dem 8. Jahrhundert (Wenck, Hess. Landesgesch. II. Urk. p. 17) erwähnten Bysaho dieses Dorf zu verstehen sein mag, ist zweifelhaft, ebenso ungewiss die Identität des in einer Fuldaer Urkunde von 839 vorkommenden Bösoha (Schannat, Corp. tradit. Fuld. p. 177). — Ober-Bösa (Besa, Bisa superior) erscheint mit Sicherheit erst in Urkunden seit 1296 von dem nahen im Fürstenthum Schwarzburg-Sondershausen belegenen Nieder-Bösa unterschieden, aber eine

Familie do Besa, de Bysa, hatte daselbst seit dem 12. und 13. Jahrhundert, vielleicht selbst bis zum 15. Jahrhundert Besitzthümer, und ausser verschiedenen Adelsgeschlechtern der Gegend waren hier die nahen Klöster Bonnrode, Capelle, Göllingen, Oldisleben und Jechaburg begütert. Das Dorf war landesherrlich und von den Landgrafen 1336 an die Grafen von Beichlingen, 1404 an Fritsche von Werterde verpfändet. Im 30jähr. Kriege wurde es 1636 von den Schweden verwüstet, auch 1726 und 1827 durch grosse Feuersbrünste heimgesucht.

Das Gemeindesiegel zeigt drei Bäume und davor einen Altar, an dem ein Apostel oder Geistlicher steht mit segnend erhobenen Armen und über ihm in Strahlen das Auge Gottes. Die Umschrift lautet: **Gemein Obe bosa.**

Die Kirche Petri und Pauli ist landesherrlichen Patronats; sie bietet baulich nichts Bemerkenswerthes dar, ist aber von sehr alter Stiftung; ein „*Heinricus plebanus in superiori Bysa*" kommt in einer Urkunde von 1296 als Zeuge vor. — Der Taufstein im Barokstil datirt von 1607; daran steht die Inschrift:

   IOHAN . BERRINGER PASTOR
   GVNTHER . HAVSCHILT . AEDITVS
   MATTHES . ROTHE . VND
   HANS . SCHEJTLER . HEIMBVRGEN

Die Kanzel datirt von 1611. An einer überdachten Treppe (Cavate) aus derselben Zeit steht:

   IACOB THOMAS HANS ERNSTTAL
   : ... TARLE .... HANS SVR MEVRER

Die drei Glocken haben 1,14, 0,88 und 0,67 m Durchmesser. Auf der grossen steht in Minuskeln:

   ✞ Nas | ba | m° | cccc ✞ xxxi | ser ✞ inifrea | marie ✞ ere
   | be | ich | gegosse ʒ hilf | got

An einer Seite der Glocke ist, von kunstgebildeter Hand in den Mantel der Form mit dem Griffel eingeritzt, in Umrissen die Kreuzigung Christi (0,5 m hoch, 0,3 m breit) gezeichnet, und ebenmässig sind auf der anderen Seite die Figuren der beiden grossen Apostel dargestellt. Die mittlere Glocke von 1651 nennt nur Ortspersonen, nicht aber den Namen des Giessers. Die kleine Glocke ist von C. F. Ulrich in Apolda 1859 gegossen.

Am Pfarrhause befindet sich (nach v. Hagke S. 493) ein Stein mit der Inschrift:

   Gottes Wort bleibt ewiglich. Es. 40. Joh. Beringer, Pastor,
  Balth. Schörbel, Mathes Rothe, Heimburge, Hartung Ernst, Hans Lange
     Altarist, Hans Sur. Anno 1595.

Frömstedt.

Grosses Pfarrkirchdorf, 8 Km. nördlich von Weissensee, im 12. Jahrhundert Vrumnegestad, Vrumigensted, Frumigeste, Fromingestete, im 13. und 14. Jahrhundert Vrommigstete, Vrummigsteten, Vrumechstete, Frumigenstedeu, Frommingestet,

Fromningeste, Vromingistete, Frumingstete etc., im 15. Jahrhundert Fromstete, Fromstedt etc., im 16. und 17. Jahrhundert Frombstedt, Frömbstedt geschrieben. Eine Familie de Frumgestete hatte hier im 12. und 13. Jahrhundert Besitzthum und Wohnsitz, und ausser vielen Adelspersonen der Umgegend waren hier die Klöster Capelle, Göllingen, Bonnrode und Oldisleben, sowie das Deutschordenshaus zu Griefsedt und die Johannitercommende in Weissensee begütert oder zu Natural- und Geldzinsen berechtigt. Bereits im 13. und 14. Jahrhundert waren die Bauergüter durchgehends Erbzinsgüter, die ihrem Zinsherren einen fest bestimmten Fruchtzins gaben, aber bei unbeschränktem Erbrecht nicht ohne Genehmigung der Gutsherrschaft veräussert werden durften. Das erst später eingeführte Lehngeld war lediglich ein Aequivalent für den dem gesteigerten Gutswerthe nicht mehr entsprechenden ursprünglichen Zins. Auch die aus dem Orte fliessenden landesherrlichen Bezüge waren nicht unbeträchtlich und sprechen für die Erheblichkeit des Dorfes schon in der Zeit um's Jahr 1400. In einer Urkunde von 1350 wird ein *„calldor"* des Dorfes erwähnt; dasselbe muss also umwallt gewesen sein; auch war es in Strassen eingetheilt: eine Osterngasse, eine Brückengasse, ein *„atrium"* am Ende des Dorfes werden genannt.

Die Johannes dem Täufer gewidmete Kirche ist landesherrlichen Patronats. Ein Pfarrer derselben, Albert, wird 1344 erwähnt. Ein daselbst befindlicher Altar des heil. Nicolaus und der heil. Katharina war mit einem eigenen ständigen Vicarius besetzt, mit dem der Pfarrer Streitigkeiten hatte, die schliesslich durch die erzbischöfliche Bestätigung dieser Altarstiftung 1358 beigelegt wurden.[1] — Die alte baufällige Kirche wurde 1859 mit einem Kostenaufwande von 2500 Thlr. erneuert. Altarraum und Thurmhalle haben Kreuzgewölbe mit kräftigen Rippen. An der südwestlichen Ecke ist, (nach v. Hagke S. 238) ein Stein eingemauert mit der Inschrift: **Ano dm. 1522. Jorge bouschilt. Ganolf Ernst. Franz Ulrich. Volkmar Volt** (— wahrscheinlich die Namen der damaligen Kirchväter und Heimbürgen).

Auf dem Altare befindet sich ein Flügelschrein von sehr reicher Anlage. In der Mitte steht Maria mit dem Kinde in einer Strahlenglorie; zu beiden Seiten dieser Hauptfigur sind in zwei Etagen je zwei Heilige angebracht, unter welchen Johannes Bapt., Nicolaus, Barbara und ein Heiliger mit einem Pferdekopfe (Hippolyt?) an ihren Attributen kenntlich sind. Die Flügel enthalten je zwei geschnitzte Darstellungen über einander; einerseits oben die Verkündigung, unten die Geburt Christi; andrerseits unten die Beschneidung, oben die Anbetung der Weisen. Leider hat man dieses in den Formen wohl erhaltene, ehemals vergoldete und bemalte Altarwerk bei der letzten Kirchenrestauration ganz und gar mit schmutzig weisser Oelfarbe überstrichen.

Auf dem Thurme hängen vier Glocken von 1,29, 1,03, 0,97 und 0,64 ^{m} Durchmesser, die von den Ulrich in Laucha und Apolda (1773 und 1783) gegossen sind. Die dritte Glocke „mit abgefeilter Schrift" ist nach v. Hagke a. a. O. vor etwa 25 Jahren aus einem Weimarischen Orte gegen eine gesprungene eingetauscht worden. Die neben dem Glockengiesserwappen (Glocke, Tasterzirkel und Geschütz-

---

[1] Diese Vicarie bestand noch bis ins 16. Jahrhundert als gesonderte Stiftung und als Lehn der Grafen zu Schwarzburg; sie wurde erst 1538 der gering dotirten Pfarre incorporirt.

rohr) auf derselben stehenden Initialen I. G. V. und I GF. V. bezeichnen die Namen Johann Georg und Johann Gottfried Ulrich.

Das Kirchensiegel zeigt (wie auch das Gemeindesiegel) das Haupt Johannes des Täufers auf einer Schüssel.

An der Hinterthür der Gemeindeschenke ist ein Stein erhalten mit dem kursächsischen Wappenzeichen und der Jahreszahl 1572. — Schumann's Lexikon von Sachsen 15,961 erwähnt „am südl. Thore des Ortes" die Namenschiffer Johann Georg's I. und die Jahreszahl 1613.

Gangloffsömmern.

Grosses Pfarrkirchdorf mit zwei Gütern, früher bis in den Anfang dieses Jahrhunderts Marktflecken, 9 Km. westlich von Weissensee. Sumeringen sancti Gangolfi wird zwar in einer Urkunde von 1277 zuerst mit diesem Zusatze erwähnt, existirte aber sicher schon viel früher, vielleicht schon in karolingischer, oder doch in der Ottonenzeit, und ist wenigstens mit Bestimmtheit als dasjenige Summeringen anzuerkennen, über dessen Kirche („super ecclesiam Summerensem") Landgraf Hermann I. 1216 dem Nonnenkloster S. Katharinen vor Eisenach das Patronat übergab, da dieses Kloster nachweislich ein Gut und Vorwerk in Gangloffsömmern besass, und demselben die dortige Kirche 1390 förmlich incorporirt wurde, nachdem die erwähnten Güter bereits 1367 gegen einen Zins vererbt waren. Auch das Kloster Reinhardsbrunn hatte Begüterung in dem Dorfe, und 1354 kommt Conrad von Bendeleben daselbst als Schultheiss dieses Klosters vor, welches also hier einen Hof besessen haben muss.[1] Reinhardsbrunn that im 15. Jahrhundert die Güter als Lehn aus, und 1479 erscheint Hans von Brühl als Käufer eines Theiles derselben, den die Familie später durch Ankäufe bedeutend vergrösserte und sich bis auf die Gegenwart dauernd im Besitze erhielt. Im Jahre 1702 erlangte Hans Moritz von Brühl die Ober- und Erbgerichte über das Dorf und das Kirchenpatronat, welches letztere von dem Eisenacher Katharinenkloster zunächst an die von Hagke und nach dem 30jährigen Kriege an den Landesherrn übergegangen war. Die von Hagke gehörten zu den zahlreichen Adelsfamilien, die im Mittelalter in Gangloffsömmern Siedelhöfe inne hatten, und im Jahre 1687 befanden sich daselbst 5 bewohnte Rittersitze, von denen einer den von Tettenborn'schen Erben gehörte, die vier anderen aber bereits damals von Brühl'scher Besitz waren.

Die Kirche unbekannten Ursprungs, deren Titelheiliger dem Dorfe seinen Beinamen gegeben hat, liegt isolirt auf einer den Ort beherrschenden Anhöhe und imponirt durch die eigenthümliche, eher klösterliche, als dörfische Thurmanlage; (s. Fig. 2). Zwischen Chor und Schiff ist querhausartig ein breiter rechteckiger

---

[1] Dieser „Mönchshof" stand westlich vom Dorfe an der Stelle unter dem Kirchberge, wo das 1846 und 1847 abgebrochene (an die Nordostseite des Dorfes verlegte) alte Gehöft des Gräfl. von Brühl'schen „Schlosshofes" mit sehr altem herrschaftlichen Wohnhause sich befand. Beim Abbruche des letzteren soll, wie v. Hagke S. 252 berichtet, der Eingang zu einem noch wohl erhaltenen gewölbten unterirdischen Gange vermauert und verschüttet worden sein, welcher aus dem Keller des Hauses nach der auf einer Anhöhe liegenden Kirche führte. Der Nonnenhof hiess das „Rappenthal" und ist vermuthlich identisch mit dem späteren Winter'schen Gute der von Tettenborn'schen Erben. Der Name Rappenthal klingt wie eine Corruption von „refectorium," und der Localtradition zufolge soll auch ein Kloster im Orte bestanden haben, von dem sonst freilich nichts verlautet.

Kreis Weissensee.

Fig. 2.

Sattelthurm von 10,36×3,35ᵐ Grundfläche eingeschoben, über dessen Flanken sich zwei Etagen hoch zwei schlichte quadratische Thürme erheben, die nur mit der oberen Etage auf allen vier Seiten freistehen, während sie in den unteren Etagen durch eine aus 5 Rundbögen über 4 Zwergsäulen bestehende, 3,66ᵐ lange Arkadengalerie mit einander verbunden sind. Die Thürme von 3,35ᵐ Seitenlänge haben in beiden Etagen gekuppelte Rundbogenfenster, deren schlanke Abmessungen, Theilungssäulchen und auf Querconsolen gestellte Deckbögen mit denen der Arkadengalerie übereinstimmen. Der gemeinsame Unterbau bis zur Galerie ist 12,25ᵐ hoch, die Höhe der beiden Eckthürme beträgt in den Mauern 6,15ᵐ (also $^1/_2$ des Unterbaues), und die schlanken Helme, die an Stelle der im 18. Jahrhundert errichteten flachen Ziegelnothdächer erst im Jahre 1856 erbaut worden sind, haben eine Höhe von 9,6ᵐ; die Gesammthöhe der Thürme beträgt also 28ᵐ.[1] An den Thurmbau schliesst sich östlich der viereckige überwölbte Altarchor, dessen gerader Schluss ebenso charakteristisch für die Entstehung in den ersten Jahrzehnten des 13. Jahrhunderts erscheint, wie die Anordnung der pyramidal gestellten drei Lanzettfenster in der Ostwand. Willkommenen geschichtlichen Anhalt für die Entstehungszeit der beschriebenen Bautheile einschliesslich der Thürme giebt die Uebernahme des Patronats der Kirche durch das Eisenacher Katharinenkloster im J. 1216; es ist jedoch auch möglich, dass damals nur das Altarhaus neu gebaut wurde, und die Thürme noch von einem älteren romanischen Bau herrühren. — Das Kirchenschiff mit seinem Mansardendach ist erst 1785 erbaut.

Auf dem Altare befindet sich ein reich ausgestatteter, in Schnitzwerk ausgeführter Schrein, welcher aus einem grösseren Obertheil und aus einem kleineren Untertheile besteht. Die Mitte des oberen Theils nimmt eine figurenreiche Darstellung der Kreuzigung Christi ein. Zu beiden Seiten sind je zwei Darstellungen aus der Leidensgeschichte des Herrn übereinander angebracht: einerseits oben das Gebet am Oelberge, unten die Geiselung; andererseits oben das heil. Abendmahl, unten die Dornenkrönung. Die drei Abtheilungen sind durch breite senkrechte Streifen getrennt, vor denen auf Consolen, je zwei übereinander, vier Heiligen-

[1] Fig. 2 ist nach dem zu Fig. 15 gegebenen Maassstabe gezeichnet.

figuren standen, von welchen jetzt nur noch zwei vorhanden sind. Der Untertheil des Schreins ist in zwei gleichgrosse Felder getheilt, deren jedes vier Figuren enthält; auf der Evangelienseite die Heiligen: Barbara, Paulus und die beiden Jacobus (der Aeltere im Pilgerkleide, der Jüngere mit dem einen Geigenbogen gleichenden Walkerbaum), auf der Epistelseite Johannes Bapt., Petrus, Anna selbdritt und Georg. Auf beiden Seiten des Ganzen stehen auf einer herausragenden Leiste noch sechs Heiligenfiguren, unter denen Magdalena, Barbara und Elisabeth erkennbar sind, zu dreien nebeneinander.

Ausserdem hat sich, wenn auch nur fragmentarisch und sehr vernachlässigt, ein steinernes spätgothisches Sacramentshäuschen (ohne die Tabernakelkrönung) erhalten. Es ist achteckig und unter den Thüren mit zwei Wappen (dem Meissnischen Löwen und den Landsberger Pfählen) geschmückt, oben mit Eselsrücken, die in Kreuzblumen ausgehen, mit zwei Lilienhaken und drei Rosen. Zu den Seiten sind vier Heiligenfiguren, zu zweien übereinander angebracht.

In dem Pfarrstuhle findet sich eine in Schnitzwerk ausgeführte Darstellung der Grablegung: um den Leichnam Jesu sind vier Männer und vier Frauen beschäftigt.

Ein grosser alter Taufstein von achteckiger Form, geschweift und ohne Deckgesims, liegt in einem Winkel des Kirchhofes. Die Arbeit ist unbehilflich.

Bemerkenswerth sind die Fig. 3 gezeichneten, aus dem Mittelalter stammenden hübsch verzierten Thürbänder an einem älteren Eingange der Kirche.

Die drei Glocken von 1,07, 0,84 und 0,69 m Durchmesser sind 1764 von J. G. Ulrich in Apolda gegossen; sie hängen in beiden sehr engen Thürmen vertheilt.

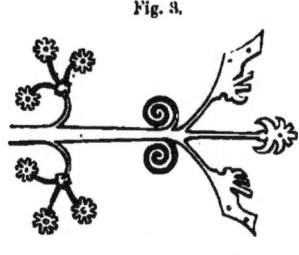

Fig. 3.

Nach v. Hagke S. 255 steht unfern der Kirche nördlich über dem Dorfe ein altes Steinkreuz, welches die Stelle bezeichnet, an der die Leichen der von Hagke'schen Familie zu Schilfa, welche vor dem Altare der Kirche in Gaugloffsömmern ein 1822 geschlossenes Erbbegräbniss besass, von dem Geistlichen und von Trägern aus dem letzteren Orte übernommen wurden. Bis zu dem Kreuze wurde die Leiche von den Schilfa'ern getragen.

Gebesee.

Kleine offene Landstadt von 2300 Einwohnern mit einem nicht zur Stadt gehörigen Rittergute, 12,5 Km. südwestlich von Weissensee, am linken Ufer der Gera.[1] Gebise gehörte schon im 8. Jahrhundert zu den Besitzthümern der 769

---

[1] Der Ortsname scheint auf die Lage an einem See zu deuten (vergl. Weissensee), womit auch die älteren Namensformen Gebise, Gebesa, Gebaso nicht im Widerspruche stehen dürften; allein es ist jetzt bei dem Städtchen kein See mehr vorhanden, doch befindet sich bei dem nur 2 Km. südöstlich von Gebesee entfernten Dorfe Ringleben zwischen der wilden Gera und dem Orlacher Graben eine grosse sumpfige Wiesenfläche, welche (nach der Reimann'schen Karte) „der See" heisst, und in den Fluren der Dörfer Dachwig, Andisleben, Walschleben, Riethnordhausen sind Districte in den Wiesen, die früher „See" hiessen, aber jetzt drainirt und trocken gelegt sind.

gestifteten Benedictinerabtei Hersfeld und ist bis in's 15. Jahrhundert im Abhängigkeitsverhältnisse von derselben geblieben. Es sassen daselbst, und zwar vermuthlich auf dem dortigen Schlosse, mindestens seit dem 12. Jahrhundert landgräfliche Ministerialen, die sich de Gebese nannten und mit denen von Hervesleben identisch erscheinen. Im Jahre 1354 vertrugen sich die Landgrafen Friedrich und Balthasar mit dem Abte Johann zu Hersfeld dahin, dass die Landgrafen mit an die Veste Gebese eintreten sollten, und dass daselbst eine Stadt erbaut werden solle. Im Jahre 1407 verpfändete das Kloster seinen Antheil an den Landgrafen Friedrich den Jüngern, und die Landgrafen traten dadurch in den alleinigen Besitz; sie verpfändeten das Schlossgut im Laufe des Jahrhunderts mehrfach, bis endlich 1514 von Herzog Georg die Grafen von Beichlingen damit belehnt wurden und sich bis zum Aussterben des Geschlechts 1567 im Besitze erhielten. Nachher waren die v. Germar, dann die v. Wurmb, seit 1595 die v. Kerstelingerode, seit 1655 die v. Rahna, seit 1712 die v. Wurmb Besitzer, die Gebesee 1724 an die v. Oldershausen verkauften, welche Familie bis 1850 im Besitze verblieb.

Das hochgelegene Schloss, welches nach v. Hagke S. 107 (ob erst im 16. Jahrhundert?) „castrum Bärenstein" hiess, war im Mittelalter befestigt und bestand in den Jahren 1373, 1375 und 1378 erfolglose Belagerungen. In einer Urkunde von 1410 ist vom Bau des Schlosses die Rede. Nach einem Berichte aus dem Jahre 1587 war der Rittersitz in's Geviert aufgeführt, der vierte Flügel aber noch nicht ausgebaut. Die Gebäude waren mit Schiefer gedeckt und hatten stattliche gewölbte Keller. Im Jahre 1730 erbaute Burkhard von Oldershausen das Amtshaus nebst dem Thurm über der Eingangfahrt, über welcher sein und seiner Gemahlin, einer geb. von Reden, Wappen angebracht ist; in den 1740er Jahren erbaute er auch, anscheinend auf der Stelle der alten Veste, ein neues Schloss und umgab das hinter demselben, nach der Gera zu abschüssige Terrain mit einer über 6" hohen Mauer.

Das jetzige Städtchen war ursprünglich ein mehrere Freigüter enthaltendes Dorf, und obgleich es 1354 Stadt (d. h. mit Mauern und Thoren befestigt) werden sollte und 1356 auch landesherrlicher Seits von Ertheilung des Stadtrechts die Rede war, wird es in der ersten Hälfte des 15. Jahrhunderts immer noch in den Urkunden als Dorf, und später als Flecken bezeichnet. Im Jahre 1578 wohnten in dem mit einer Wellerwand umfangenen Flecken 272 gesessene Mann, und zwar 69½ Anspänner und 206 Hintersettler. Obgleich der Ort stets der Oberherrlichkeit des Schlossgutes unterworfen war, erfreute sich derselbe dennoch schon frühzeitig einer stadtähnlichen Verwaltung unter zwei Rathsmeistern und 10 Gemeindevertretern, welche die Zwölfer genannt und alljährlich erwählt wurden. Eigentlich städtische Einrichtung jedoch erhielt Gebesee erst 1638 unter dem Kurf. Johann Georg I. und führt seitdem das Fig. 4 gezeichnete Stadtsiegel, welches den Titelheiligen der Stadtkirche, S. Laurentius mit dem Roste in der Hand zeigt und die Umschrift hat:

Fig. 4.

SIGILLVM OPPIDI GEBESEHE.

Die auf dem Markte stehende Stadtkirche ist, wie schon die Wahl des im

10. Jahrhundert besonders beliebten Titelheiligen Laurentius darauf zu deuten scheint, sicherlich von sehr alter Stiftung. Ein Pfarrer an derselben, Conrad, wird in einer Urkunde von 1219 erwähnt, und 1253 erlaubte Papst Innocenz IV. dem Kloster Hersfeld die Kirche *(ecclesiam in Geuesee Moguntine diocesis)* wegen erlittener grossen Kriegsschäden zu seinem Nutzen zu verwenden. Später übte der Abt zu Fulda das wegen früheren Pfandbesitzes auch vom Kloster Pforta beanspruchte Patronatsrecht, überliess aber dasselbe 1510 an Herzog Georg, von welchem es 1520 an die Schlossgutsbesitzer gelangte. — Nach Schumann, Lexikon von Sachsen 15, 1018 soll die vorhandene Kirche, in welcher sich ein dem heil. Andreas gewidmeter Altar mit besonderer Vicarie befand, 1406 zu bauen angefangen und erst 1456 eingeweiht worden sein. Im Jahre 1532 fand eine Erweiterung derselben und eine Erhöhung des Thurmes statt. Letzterer erscheint mit seinen spitzbogigen Schallöffnungen zwar als der älteste Theil der in baulicher Beziehung unbedeutenden Kirche, dürfte aber nicht bis ins 15. Jahrhundert zurückreichen. Die an der Westseite desselben befindlichen Inschriften, welche noch vor 25 Jahren ziemlich leserlich gewesen sein sollen, sind jetzt nicht mehr zu entziffern.

In der Kirche hat sich der Rest eines Schnitzaltars mit 12 Heiligenfiguren erhalten; unten mit einer Mannswerkgalerie, zu den Seiten mit zwei Wappen und oben mit verschlungenen Spitzbögen. Jetzt befindet sich auf dem Altare als Geschenk eines Herrn v. Oldershausen ein Eccehomo, ein gutes Oelbild, das man für einen Correggio ausgiebt. Ausserdem sind noch einige Grabdenkmäler aus dem 16. bis 18. Jahrhundert vorhanden: 1. der Grabstein eines Ritters mit Helm, Commandostab und Schwert, rechts mit dem Beichlingenschen Wappen (zwei Querstreifen), links mit dem Mansfeldischen, und mit der fragmentarischen Inschrift: - - — (Beichlingen) dictus globo ad Siebershausen in Christo obiit A. M. D. LII. X Juli anima in domino requiescat. — 2. Eine Gedenktafel des Franciscus David von Jacoby, geb. 2. Jan. 1675, erstochen 15. August 1699. — 3. Eine Gedächtnistafel des Georg Hartmann von Rana, geb. 9. April 1652, gest. 24. November 1709. — Endlich das Portrait des ersten evangelischen Geistlichen an der Kirche, Nicolaus Ehrich, der 1555 berufen wurde.

Die drei Glocken des Thurmes von 1,35, 1,16, 0,92 ᵐ Durchmesser sind aus neuerer Zeit. Die grosse ist gegossen 1822 von Gebr. See in Kreuzburg, die mittlere oder Messglocke 1782 von Joh. Gottfr. Ulrich in Apolda, die kleine 1765 von F. W. Barth in Erfurt.

Ueber die westlich am Ende des Ortes, unweit des Schlosses belegene, mit einer kleinen inschriftlosen Glocke versehene, unbedeutende Bonifaciuskapelle bemerkt Olearius, Syntagma rer. Thur. p. 120, dieselbe sei, nachdem sie 1234 von Landgraf Conrad erneuert (gestiftet?), bei der Belagerung von 1375 aber durch Feuer zerstört gewesen, im Jahre 1376 wieder aufgebaut und besser dotirt worden.

Die auf dem Clausberge [1] jenseits der Gera ehemals belegene Katharinen- oder Wallfahrtskapelle wurde 1532 abgetragen, und die Steine verwandte man beim Baue der Stadtkirche.

Im Jahre 1750 wurde fast die ganze Stadt ein Raub der Flammen.

Am Einflusse der Gera in die Unstrut, 1 Km. nordöstlich von Gebesee, lag

---

[1] Urkundlich kommt ein Weinberg an der Burg bei S. Nicol zu Gebesee 1425 vor.

der uralte Versammlungsort der Thüringer, der urkundlich zuerst 1089 genannte „collis Trecheberg", die Triteburc, Tretenburg, Tretteburg,[1] wo nach chronikalischen Berichten der heil. Bonifacius eine Johanneskirche erbaut haben soll. Die Burg soll unter Kaiser Rudolf 1290 geschleift worden sein, und Spuren derselben sind jetzt nicht mehr vorhanden. Bei einer in neuester Zeit auf dem flachen „Tretenburghügel" vorgenommenen Nachgrabung wurde ein Stück Pflaster blossgelegt und ein Sporn gefunden.

Griefstedt (Commende).

Stiftungsgut, 5,5 Km. nordöstlich von Weissensee. Ein Ort Griffestat wird bereits im 8. Jahrhundert unter den Gütern der Abtei Hersfeld genannt; es ist aber darunter das gleichnamige Dorf zu verstehen, welches 1,5 Km. östlich von dem Gute am anderen Ufer der Unstrut im Kreise Eckartsberga liegt. Im Jahre 1233 schenkte Landgraf Konrad von Thüringen dem deutschen Orden zu Marburg unter anderen angrenzenden Gütern auch sein Allodium in Griefstete. Da dieses Besitzthum durch anderweite Zuwendungen und Ankäufe rasch anwuchs, wurde zur besseren Beaufsichtigung desselben im Jahre 1283 auf dem zur Ballei Hessen geschlagenen Ordenshofe ein eigener Comthur eingesetzt und Gottfried de Konre (1283—1302) war der erste in der Reihe der 42 Haus-Comthure, welche die Commende Griefstedt bis zur Aufhebung des Ordens durch die Rheinbundsakte im Jahre 1809 verwalteten. Bereits durch Plünderung im Bauernkriege 1625 und im Schmakaldeschen Kriege 1547 arg mitgenommen, war die Commende im 30jährigen Kriege in den traurigsten Zustand gerathen und kam gegen Ende des 17. Jahrhunderts wiederholt in landesherrliche Sequestration. Die Güter waren bereits seit 1645 verpachtet, und blieben es auch nach der Besitzergreifung durch Sachsen 1811 und durch Preussen 1816. Die Einkünfte kommen, wie bereits zur sächsischen Zeit, milden Stiftungen zu Gute. Etwa die Hälfte der Aecker wurde 1852 den bisherigen Erbpächtern gegen eine bestimmte Zahlung zum freien Eigenthum überlassen.

Der Ordenshof war vielleicht deshalb vom Dorfe abgebaut worden, um öfteren Ueberschwemmungen zu entgehen, gegen die man die Felder durch kostspielige Dammbauten zu sichern suchte, deren bereits 1283 Erwähnung geschieht. Ueber die älteren Gebäude fehlen die Nachrichten. Die Herrenkapelle wird 1472 erwähnt. Zwischen 1486 und 1490 fanden bedeutende Reparaturen an den Wohnhäusern des Comthurs und an der Kirche statt. Am 18. Juni 1525 raubten die Kindelbrücker die Commende gründlich aus; was die Stürmer nicht fortschleppen konnten, wurde zertrümmert. In der Kirche wurden die Heiligen sämmtlich zerschlagen, die Fensterscheiben zerworfen, Altar, Messbuch und Psalter zerrissen, die Fetzen in den Wind zerstreut. Die heil. Gefässe und Paramente wurden fortgeschleppt, die Glocken zerschlagen und die Stücke mitgenommen. In den Jahren 1553 bis 1556 liess der Comthur Philipp von Bicken die Comthurwohnung fast ganz neu aufbauen und sein Wappen daran anbringen.[2] Nach einem bei der Beschlagnahme der Commende durch die Sachsen im Jahre 1632 aufgenommenen Inventarium hatte das Ordenshaus damals ringsherum eine ganz steinerne Mauer, war zwei-

---

[1] Vergl. Knochenbauer, Gesch. Thüringens S. 143 N. 2.
[2] Dasselbe ist jetzt in die Mauer eines Wirthschaftsgebäudes eingesetzt.

stöckig, die Dachung theils Schiefer, theils Ziegel; es befand sich ziemlich gut in
baulichem Stande und enthielt 9 Stuben, 1 Kirche, Kornböden, Ställe, Küchen und
Keller. Das Gemach des Comthurs war ringsherum getäfelt und mit grünem Tuch
ausgeschlagen. Aus dem „Rebenthür" (refectorium), welches ebenfalls getäfelt war
und nach dem Viehhof gehende vergitterte Fenster hatte, führte eine Thür nach
dem Weinkeller, und hier lag auch das Archivgewölbe. Die Kirche hatte 7 hohe
Fenster, und auf dem Thurme, der mit einem Seiger versehen war, hingen zwei
Glocken. Der Altar war mit zwei Gemälden geschmückt; das untere stellte das
heil. Abendmahl vor, das obere die Erschaffung der ersten Menschen. Die von
dem Comthur Walther von Plettenberg 1575 gestiftete, schöne steinerne Kanzel,
an welcher unterschiedliche, mit Gold ausgemalte Bilder ausgehauen waren, hatte
eine eiserne Lehne und einen hölzernen Schalldeckel. Die Orgel war ein kleines
Positiv mit 4 Stimmen und stand auf einem weissen hölzernen Bocke. Auf dem
Gange bei der Kirche befand sich die Rüstkammer.

Die im 30jährigen Kriege von Freund und Feind verwüstete Commende
machte 1643 den Eindruck „wie Sodom und Gommorrha" und war von Menschen
ganz verlassen, so dass, als die hessischen Kriegsvölker 1645 einen Angriff auf
die alten Balken und Bretter der Gebäude unternahmen, sie erst die Füchse und
Wölfe austreiben mussten. Nach dem Friedensschlusse brachte der treffliche
Comthur Philipp Leopold v. Neuhoff (1645 – 1670) durch Klugheit und Thatkraft
die zerrütteten Verhältnisse in musterhafte Ordnung. In baulicher Beziehung
richtete sich seine Thätigkeit zunächst auf Wiederemporbringung der Wirthschaft
Um die durchbrochenen Dämme herzustellen, liess er einen Dammeister aus Erfurt
kommen, und die Aufhilfe der Bauernwohnungen und Wirthschaften verursachte
bedeutende Kosten. Ueber das Ordenshaus heisst es: es ward ringsum „mit
einem steinernen Stock umfangen." Ein vollständiger Um- und Neubau kam erst
unter dem Comthur Marschall von Biberstein (1701 – 1716) zu Stande, der nicht
bloss die sämmtlichen Revenüen der Commende verbaute, sondern in übertriebener
Baulust so viel Schulden machte, dass er seiner Würde entsetzt werden musste.
Seine Bauwerke, an denen er 12 bis 13 Jahre unermüdlich arbeitete, waren nicht
ohne Geschmack und Solidität in gutem Renaissancestil. Das Schloss, welches noch
heute eine Zierde der Commende bildet, besteht aus zwei rechtwinkelig auf einander
stossenden zweistöckigen Flügeln mit Mausardendächern. Es ist in Bruchstein-
mauerwerk ausgeführt, mit Eckquadern, Fenstergewänden und Gesimsen aus
Haustein. Ueber der oberen Fensterreihe der beiden nach der Hofseite gekehrten
Fronten befinden sich zehn Schilder, deren jedes einen Anfangsbuchstaben der
Namen und Titel des Erbauers trägt: J(ohann) A(dolf) M(arschall) V(on) B(iberstein)
C(omthur) Z(u) G(riefstedt) T(eutschen) O(rdens)-R(itter). Durch reichere Architektur
ist der sich von Ost nach West erstreckende Flügel ausgezeichnet, in welchem sich
die Kirche befindet, die etwa Zweidrittel desselben einnimmt. Vor der Mitte der Nord-
front dieses Flügels baut sich ein kräftiges Risalit in drei Etagen auf; die untere
enthält die Thür zur Kirche, die beiden oberen sind durch vier durchgehende
korinthische Pilaster eingefasst und in drei Felder getheilt. Ueber dem von der
Pilasterstellung getragenen Gebälk erhebt sich ein Giebelfronton, welches mit den
Wappen 1. des Hochmeisters Franz Ludwig von der Pfalz-Neuburg, 2. des Land-
comthurs Grafen von Schönborn und 3. des Erbauers geschmückt ist. Ueber der

Kirchthür wiederholt sich letzteres Wappen, und neben derselben sind zwei Nischen zur Aufnahme von Statuen angebracht. Die gottesdienstliche Bestimmung dieses Gebäudetheiles deutet nur ein schmächtig über dem Dache aufsteigendes geschiefertes Thürmchen an. Das Innere der Kirche bildet einen durch beide Etagen gehenden Saal, den östlich ein reich vergoldeter, gemeinschaftlicher Säulenaufbau für Altar, Kanzel und Orgel abschliesst, die übereinander stehen, so dass der Fussboden der sich auskragenden Orgelempore der Kanzel als Schalldeckel dient. An der Orgel befindet sich das Wappen des Comthurs von Stein, welcher diesen Einbau im Jahre 1720 hat errichten lassen. Westlich nimmt die ganze Breite eine prächtige, im Stile der Kirche entwickelte Loge für den Comthur und dessen Anhang ein. Der Kirchensaal, in den man zu ebener Erde tritt, hat imlichten 17,9^m Länge,

Fig. 5.

6,9^m Weite und 9^m Höhe; er ist von guter Wirkung, weil keine Seitenemporen den Raum beeinträchtigen. Ein 2,64^m hoher, architektonisch wenig belebter Sockel leitet das Auge mehr hinauf nach einer Säulenarchitektur, welche an der Logenseite plastisch entwickelt, an den Langwänden nur durch Malerei geschickt imitirt ist, (s. Fig. 5.)

Griefstedt (Commende).   17

Die Pilaster sind korinthisch, 1 : 10. Die Basen haben etwas mehr als die Pfeilerbreite zur Höhe, die Capitäle zeigen das Verhältniss 3 : 4, die Höhe des Gebälks beträgt nicht ganz ⅕ der Säulenhöhe, und darüber dient eine Hohlkehle zur Vermittlung mit der schönen Stuckdecke (Fig. 6. 7), an welcher sich über der Loge das Wappen des Erbauers und in aus Stucco gefertigten Schildern die Initialen seines Namens I. A. M. V. B. C. Z. G. (Johann Adolf Marschall von Biberstein.

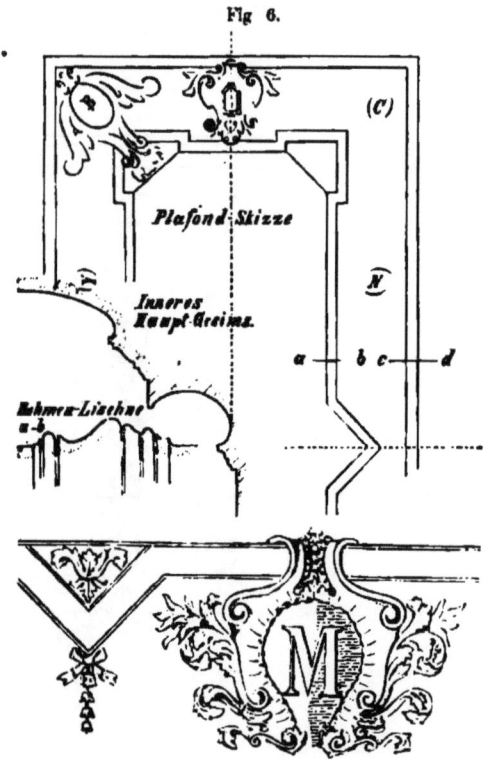

Fig. 6.

Comthur zu Griefstedt) befinden. — Auf dem hohen Sockel sind auf gelblichem Untergrunde vier Scenen aus der Geschichte des Ordens[1] mit wenigen Charakterstrichen grün in grün gemalt, und ob früher auf anderen, jetzt leeren Flächen noch sonstige Malereien vorhanden gewesen sein mögen, ist ungewiss. Die Pfeilerschafte sind mit den gemalten Wappen a) der Hochmeister des Deutschen Ordens

---

[1] Nach einer uns vorliegenden handschriftlichen Beschreibung der Kirche von Anderson sind diese Bilder copirt aus Venator. Histor. Bericht vom Marianisch-Deutschen Orden. 1680. Kreis Weissensee.

Kreis Weissensee.

von 1191 bis 1732, b) der Landcomthure der Ballei Hessen von 1472 bis 1715 und c) der Comthure von Griefstedt von 1320 bis 1716 in chronologischer Reihenfolge geschmückt. Durch die spätere Errichtung des Kanzelbaues (s. S. 16) sind 18 Wappenstellen verdeckt worden und, wie es scheint, zum Theil leer gelassen

Fig. 7.

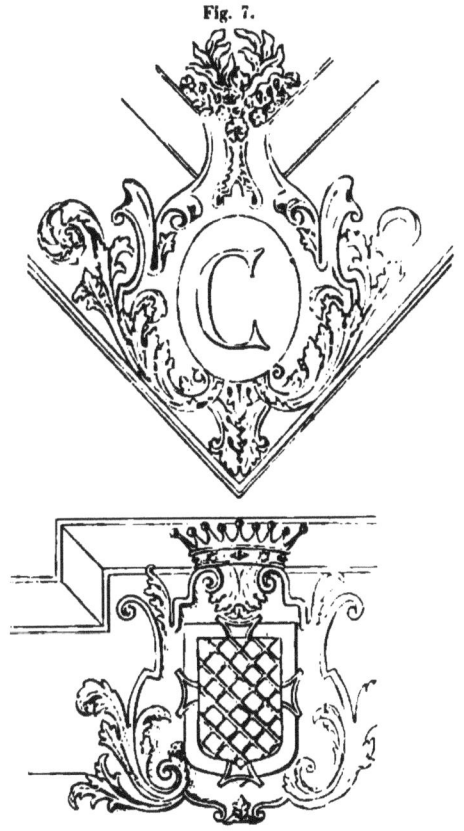

gewesen, um für die später folgenden Würdenträger seiner Zeit ausgefüllt zu werden. Jedes Wappen besteht aus einem ovalen Schilde von 0,23" Breite und 0,28" Höhe mit den betreffenden Wappenbildern in Farben und ist von einem in braunem Holzton gehaltenen Renaissance-Mantel umrahmt. Oben ist die laufende Nummer weiss in blau angegeben, und unten in denselben Farben der Name des Inhabers, sowie das Jahr seines Amtsantritts. Die auf den Schilden ruhenden Fürstenhüte, Kronen u. s. w. sind nach dem Ordens- und Geburtsrange der betreffenden Persönlichkeiten verschieden. Wir geben als Beispiele Fig. 8. und 9.

Fig. 8.

Fig. 9.

die Schilde der Hochmeister Hermann von Saltza (1210—1239) und Heinrich von Plauen 1410—1413), ersteren in der unteren, letzteren in der oberen Hälfte.[1] Unter den in der Kirche befindlichen Epitaphien ist (nach Anderson S. 120) das Denkmal des Comthurs Franz v. Hatzfeld (1556—1575) eines der ältesten und ziemlich gut erhalten. Der Verstorbene ist darauf in Lebensgrösse in Stein ausgehauen, mit schlichtem Haupthaar und spanischem Bart, mit schmaler Halskrause und hohen Achselbändern an der Rüstung. Die Hände sind über der Brust gefaltet, und zu den Füssen stehen rechts und links Helm und Handschuhe. Ueber dem Standbilde ist die Auferstehung Christi dargestellt und ringsherum steht:

Anno 1575 am 9. Januarÿ ist der erwirdige edele ernvest und gestrenge Herr Frantz von Hatzfeld, Herr zum Wilkenberge, Comthur zu Griefstedt, Teutscher Ordens in Gott christlich entschlaten, des Seelen Gott gnedigt und barmhertzigk sein woll Amen.

Unter dem Bilde steht der Bibelspruch:

Ich weis das mein Erlöser lebet und er wird
mich hernach aus der Erden auferwecken und werde darnach mit dieser
haut umgeben werden ond werde in meinem fleisch Gott sehen; denselben werde
ich mir sehen ond meine Aogen werden ihnen schawen
und kein Fremder. hiob am 19.[2]

Ferner ist bei Anderson S. 144 das Steindenkmal des Comthurs Rüdiger von Hörde (1613—1615) erwähnt, auf welchem derselbe mit langem schlichten Haar und langem Barte dargestellt ist. Er trägt eine weit gefaltete Halskrause und ist im Harnisch mit weitfaltigen Kniehosen bekleidet; die rechte Hand ist in die Seite gestemmt und die linke auf den am Korbe beschädigten Schwertgriff gestützt. Die Hauptinschrift in grossen lateinischen Lettern lautet:

Anno 1615 den 31. Juli ist der ehrwirdig edle gestrenge Herr Rudolph von Herde, Comthur zu Griefstedt T. O. in Gott selig entschlafen.

Zu beiden Seiten oben und unten sind die vier Ahnenwappen angebracht.

Ein drittes grossartiges Epitaphium ist in Fig. 10 veranschaulicht. Die unter dem Wappen auf dem Friese des Gebälkes in einer Cartouche angebrachte Inschrift lautet:

**Der hochwürdi | ge hochedelgebohrne Herr | Herr Philips Leopold
von Nev- | hoff Tevtschen Ritter Ordens | Landcomen hvr der Balley Hessen |
Comenthvr zv Marbvrg vnd Griefestedt | natvs die 4' Octobris 1618
oblit die 1' No- | vembris 1675 äta is evae 58 annis.**

---

[1] Selbstverständlich haben die Wappen, besonders in betreff der älteren Zeit keinen authentischen Werth. Der Adlerflug in dem v. Saltza'schen Wappen z. B. sollte eigentlich ein Widderhorn sein und ist nur aus Missverständniss der letzteren Figur entstanden. Vergl. Heft. II. S. 39. Bei der im J. 1877 erfolgten Restauration der Kirche, der Epitaphien und des Altares sind auch die Wappen „ergänzt und historisch wie heraldisch richtig gestellt."

[2] Ein Bild dieses Comthurs mit dessen Wappen malte (nach Anderson S. 369) für 28 fl. 16 Gr. der Maler Eoban Grunewald von Erfurt — etwa ein Abkömmling des bekannten Matthäus Grunewald?

Griefstedt (Commende). 21

Der bereits S. 15 als Restaurator der Commende erwähnte, 1645 zum Comthur ernannte Ritter Ph. Leop. v. Neuhoff ging 1666 als designirter Landcomthur nach Marburg und starb zu Griefstedt bei einem zeitweiligen Aufenthalte daselbst, wie

Fig. 10.

Epitaphium NEUHOFF in Griefstedt.

bei Anderson S. 197 f. ausführlich und aktenmässig berichtet wird, am 18. November 1670 früh zwischen 3 und 4 Uhr im 52sten Lebensjahre, wurde aber seiner Bestimmung gemäss in der Elisabethkirche zu Marburg in der Nähe des

Hochaltars, wo er sich Gruft und Epitaphium bereits früher hatte bereiten lassen, am 22. December 1670 bestattet. Die abweichenden Angaben über Jahr und Tag seines Todes und über sein Lebensalter in der oben mitgetheilten Inschrift lassen sich durch die Annahme erklären, dass das Denkmal, obgleich auf demselben mit scheinbarer Genauigkeit die Daten nach altem und neuem Stil angegeben sind, vermuthlich erst längere Zeit nach dem Tode des verdienstvollen Comthurs errichtet sein wird.[1] Auf den Pilasterschaften zu beiden Seiten des Epitaphiums sind 16 Ahnenwappen mit Namensunterschriften angebracht, wovon Fig. 11 eine

Fig. 11.

STECKE

Probe in vollständiger Ausführung giebt. Fig. 12 enthält eine Zusammenstellung der 15 übrigen Wappen mit Hinweglassung der Helme und Helmdecken, welche bei allen mit Fig. 11 vollkommen übereinstimmen. — Die am Sockel des Denkmals dargestellten Armaturstücke beziehen sich darauf, dass der Verstorbene vor seinem Eintritt in den Orden als kurcölnischer Capitain-Lieutenant an einem Zuge nach Baiern und Böhmen theilgenommen hatte.

Ausser diesen grossen Grabdenkmälern sind noch die kleinen Gedenksteine des Comthurs Walther von Plettenberg († 1580) und des Hauscomthurs Gottfried von Meschede († 1585) vorhanden.

Der andere Schlossflügel, welcher das Corps de logis mit einem erst von dem Comthur Carl von Stein ausgebauten grossen Rittersaale enthielt, ist im gegenwärtigen Jahrhundert für Wirthschaftszwecke stark ausgenutzt und zum Theil zu

---

[1] Aehnlich scheint es sich auch mit dem S 20 beschriebenen Denkmal des Comthurs Rüdiger von Herde zu verhalten, als dessen Vorname in der Inschrift Rudolph angegeben ist.

Fig. 12.

Arbeiterwohnungen eingerichtet; nach Anderson S. 266 finden sich ausser allerlei Ueberresten der ehemaligen luxuriösen Decoration, die sich in den dürftigen Stuben der Arbeiter mehr als seltsam ausnehmen, noch einige alte Oefen mit dem Wappen des letztgenannten Comthurs, welches auch an der Glocke auf dem Thurme über der Schlosskirche vorkommt.

Von einer ehemaligen Kapelle in dem nahen Wäldchen ist nichts mehr zu sehen.

Vergl. J. G. L. Anderson, Geschichte der Deutschen Ordens-Commende Griefstedt. Erfurt 1866. — Auf dem Umschlage dieses Buches findet sich eine kleine Ansicht des Schlosses, umrahmt von 43 Wappenabbildungen der Comthure von Griefstedt.

Grüningen.

Kirchdorf mit Rittergut. 7 Km. westnordwestlich von Weissensee an der Helbe gelegen. Der Ort scheint sehr alt zu sein, doch ist es wegen vieler ähnlich lautenden Ortsnamen einigermassen ungewiss, ob das von Otto dem Grossen im Jahre 949 urkundlich an die Abtei Hersfeld vertauschte Grunengo mit unserem Grüningen identisch ist. Eine Familie von Gruningen kommt vom 12. bis ins 15. Jahrhundert vor. Im Jahre 1316 kaufte Landgraf Friedrich von Thüringen von Rudolf von Gröningen das Schloss mit allem Zubehör, und dieses blieb nun ungefähr 200 Jahre im landesherrlichen Besitz, wurde aber vielfach verpfändet, unter anderen auch 1366 wieder an die Familie von Gruningen, 1396 an die von Kutzleben, in deren festes Eigenthum es 1518 überging und bei dieser Familie bis ins 18. Jahrhundert verblieb. Das befestigte Schloss lag an der Ostseite des Dorfes; 1358 als Kemnate und 1503 als wüst bezeichnet, scheint es als „arx Kutzlebiana", von dieser Familie erst wieder in Stand gesetzt worden zu sein; es bestand bis etwa 1760, und die Ueberreste eines Wartthurmes hatten sich noch bis zum Anfange des laufenden Jahrhunderts erhalten. Das heutige Schloss wurde um 1772 von dem damaligen Besitzer Joh. Geo. von Kühn erbaut.

Von der unter gutsherrlichem Patronat stehenden, dem h. Petrus geweihten Kirche fehlen ältere Nachrichten; es wird nur erwähnt, dass Ritter Heinrich von Grüningen 1371 den Klosterfrauen zu Beunroda das jus patronatus der Kapelle des Dorfes verehrte. Das jetzige Kirchengebäude ist mit Beibehaltung des 1716 erbauten Westthurmes erst 1823/24 neu errichtet. Aus der alten Kirche rührt noch ein Grabdenkmal her, welches an der östlichen Giebelwand der neuen Kirche aufgestellt ist und nach v. Hagke S. 333 die Inschrift hat:

Anno 1606 den 24. September ist der

edle, gestrenge und ehrenfeste Caspar von Kutzleben

auf Grüningen, Churfürstlich Sächsischer Rath und Hauptmann

zu Weißensee, seines Alters im 83. Jahre, in Gott selig

entschlafen. Dessen Seele schenke Gott Gnade. Amen.

Der Verstorbene ist auf dem Steine in Ritterrüstung dargestellt, und zu beiden Seiten sind 8 Ahnenwappen angebracht.

Von den drei auf dem Kirchthurme hängenden Glocken von 0,97 0,80 und 0,63 ᵐ Durchmesser ist die kleinste mit der Inschrift Soli Deo gloria, 1779 von

J. Georg Ulrich in Apolda gegossen, die älteste; die beiden anderen sind von Joh. Heinr. Ulrich in Laucha gegossen, die grosse 1842, die mittlere 1845.

Günstedt.

Marktflecken, 3 Km. nördlich von Weissensee. Gehunstete erscheint in einem um 786 aufgesetzten Güterverzeichnisse der Abtei Hersfeld, und Gunnestete wird urkundlich zuerst in dem Stiftungsbriefe der Commende Griefstedt von 1234 (s. oben S. 14) erwähnt, welcher das Patronatsrecht über die zuerst 1267 vorkommende Kirche *(ecclesia in Gunstete)* bis in's 18. Jahrhundert zustand, nebst bedeutendem Grundbesitz in der Flur des Orts. Zu dem jetzigen Kirchengebäude wurde der Grundstein 1705 gelegt, und die Einweihung fand 1716 statt; indess rührt der mit einem gerippten Kreuzgewölbe gedeckte Altarraum, in welchem sich auch eine Sacramentsnische erhalten hat, noch von einem älteren Bau aus dem Spätmittelalter her. Nach v. Hagke S. 353 sollen in der Kirche um's Jahr 1600 folgende Reime in Stein gehauen zu lesen gewesen sein:

> Die Pestilenz regiert dies Jahr, geschwinde
> Nahm sie viel tausend Menschenkinde;
> Die Geißler sah man nackend gehn,
> Sich selber schlagen macht man sehen;
> Die Erde ganz erbebet zur Hand,
> Der Juden wurden viel verbrannt,

offenbar als Uebersetzung der sich auf Vorgänge um 1350 beziehenden älteren lateinischen Inschriften, die sich an anderen Kirchen in Thüringen und Sachsen vorfinden.[1]

Nach demselben Gewährsmann (S. 356) wird auf dem Kirchboden ein altes Schnitzbild aufbewahrt, welches Christus im Elend darstellt und aus einer Liebfrauenkirche herrühren soll, die im Garten des südöstlich beim Dorfe belegenen Hospitals ehedem befindlich und das Ziel vieler Ablass begehrenden Wallfahrer war.[2] In dieser Kapelle musste, zufolge einer Stiftung von 1408 durch einen Priester der Commende Griefstedt eine tägliche Messe gelesen werden.

Auf dem Thurme hängen vier Läutglocken von 1,24, 1,16, 0,87 und 0,67 m und eine Schlagglocke von 0,75 m Durchmesser. Die grosse ist 1857 von Benj. Sorge in Erfurt, die zweite (mit den Figuren der Maria und des Petrus) 1657 von J. W. Geyer daselbst und die dritte ist 1761 von J. Georg Ulrich in Apolda gegossen, welcher auch die Schlagglocke gegossen hat. Die vierte Glocke ist ohne Inschrift.

Henschleben.

Kirchdorf, 9 Km. südwestlich von Weissensee am rechten Ufer der Unstrut belegen. Die Schreibung des Ortsnamens und einer danach benannten Familie erscheint im Mittelalter sehr schwankend; nach v. Hagke S. 365 im 12. Jahr-

---

[1] Vergl. Heft IV S. 68
[2] Mit diesen Wallfahrten hing der „Ablassmarkt" zusammen, welcher noch gegenwärtig 4 Wochen nach Ostern in Günstedt gehalten wird.

hundert Hantenslebin, Hanseuheslebo, Hantschuslebe, Hanstehueslebe, Heinschuesleibe, Heniscuoesleibe und Hanseuhesleben; im 13. Jahrhundert Hentcosleben, Henscosleuen, Heintzschleben und Henczisleben; im 14. Jahrhundert Hemmeschleben, Heintzleben, Handisleven, Henczesleyben; im 15. Jahrhundert Heinsleben, Henscischleiben, Hentzleiben; im 16. Jahrhundert Hentzschleben, Henslebenn; im 17. Jahrhundert Handtzschleben, Hanschleben, bis sich seit dem 18. Jahrhundert die moderne Schreibweise feststellt. Die Abtei Hersfeld hatte hier Besitzrechte, die im Laufe der Zeit an das Kloster Pforta übergingen, welches 1422 in den eigentlichen Besitz des Ortes trat. Nach der 1543 erfolgten Säcularisation des Klosters wurde Henschleben landesherrlich, aber bald darauf verpfändet und 1616 mit Vehra an die von Selmnitz verkauft, die sich bis in neuere Zeit im Besitze erhielten. Von der Erbauung einer Kirche, die als Burgkapelle bezeichnet wird, giebt ein zu Pforta 1269 ausgestellter Ablassbrief Kunde. Sie soll im Bauernkriege 1525 zerstört worden sein; wenigstens war die Gemeinde fast 40 Jahre ohne eigenen Pfarrer und mit Vehra in Werningshausen eingepfarrt, bis 1561 ein neuer Kirchenbau zustande kam, wie ein Inschriftstein (Fig. 13) bezeugt, welcher beim Abbruch der alten Sacristei in den 1850er Jahren gefunden wurde. Innerhalb eines durch eine Hohlkehle gebildeten Rahmens steht auf demselben in erhabenen Buchstaben:

Fig. 13.

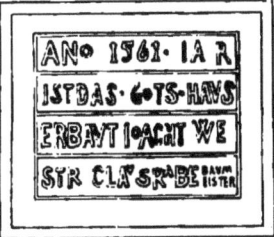

Ano 1561 . Jar | ist das . Gots .
Havs | erbavt Joachim We | sir (?) Clavs
Rabe Bavmeister.[1]

Die damals errichtete Kirche musste wegen Baufälligkeit 1866 abgetragen werden um einem vergrösserten Neubau Platz zu machen.
Aus der alten Kirche wird noch ein sehr sauber aus Holz geschnitztes Pelikannest aufbewahrt, als vermuthlicher Ueberrest eines Crucifixes. Eines an der Ostseite der alten Kirche befindlichen Grabsteines Ganglofs von Thungel mit der Jahreszahl 1592 und acht näher bezeichneten Ahnenwappen geschieht bei v. Hagke S. 370 Erwähnung, wo auch von acht in Holz geschnitzten Ahnenwappen der Patronatsfamilie von Selmnitz an den Kirchstühlen die Rede ist.

Als Brunnentrog diente im Dorfe die zwölfeckige Schale eines mittelalterlichen Taufsteines mit geschwungenen Seiten.

Die beiden Läuteglocken haben 1.02 und 0.80 m Durchmesser; die kleinere ist 1779 von Joh. Georg Ulrich, die grössere 1868 von den Gebr. Ulrich in Apolda gegossen. Aelter ist nach v. Hagke a. a. O. die von 1574 datirte Seigerglocke.

Das alte Kirchen- und Ortssiegel stellt eine Brücke dar, auf welcher ein Mann steht, der in jeder Hand einen Handschuh hält. Die Brücke wird auf einen früher in Henschleben erhobenen Brückenzoll gedeutet; die Handschuhe beziehen sich anscheinend auf volksmässige Erklärung des Ortsnamens „Handtschleben."

Ein grosses Steinkreuz, welches sich bei dem Dorfe in der Nähe der Unstrut

---

[1] Vergl. Anzeiger des Germ. Museums. 1863 Sp. 323.

befindet, soll die Stelle bezeichnen, wo Kaiser Heinrich IV. seinem Rivalen Rudolf von Schwaben am 8. Februar 1080 eine Schlacht lieferte.

Herrenschwende.

Kirchdorf, 4 Km. nordwestlich von Weissensee an der Helbe, im 13. Jahrh. Herricheswenden geschrieben und neben dem untergegangenen Apteswenden genannt; im 14., 15. und 16. Jahrhundert Herrnswende, und seit dem 17. Jahrhundert Herrenschwende geschrieben. Ausser mehreren Adelsfamilien (v. Bruchtirde, v. Tenstete, v. Greussen etc.) hatten auch die Klöster zu Capelle (bei Seega), Ottenhausen und Cölleda Grundbesitz und Einkünfte hieselbst. Das Kirchenpatronat stand der Commende Griefstedt zu. Die dem heil. Martin geweihte Kirche (Filial von Nausiss) stürzte im vorigen Jahrhundert ein, und der in den Jahren 1749 und 50 errichtete Neubau hat ein schönes Aeussere.

Auf dem Thurme sind drei Glocken von 1,17, 0,83 und 0,57 m Durchmesser. Die grosse Glocke hat die Inschrift in verzierten grossen Buchstaben:

Fig. 14.

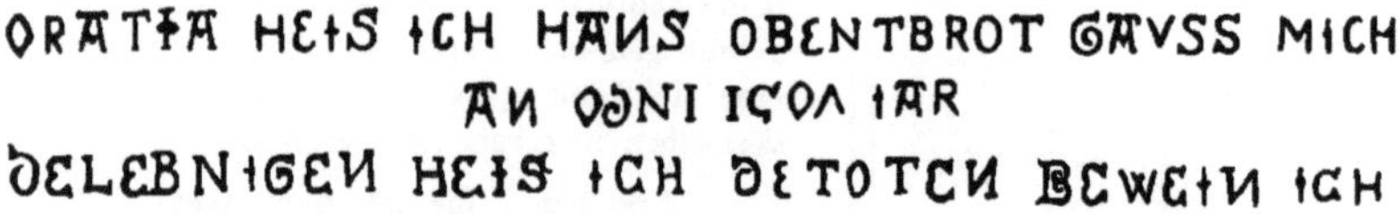

ORATFA HEIS ICH HAUS OBENTBROT GAVSS MICH
AN OONI ICOA IAR
DELEBNIGEU HEIS ICH DETOTCU BCWEIU ICH

Die zweite Zeile der Inschrift enthält die Jahreszahl: **Ano Oni 1507 Iar**, und in der untersten Zeile ist das Wort **HEIS** vermuthlich = *heisch* zu nehmen. Die kleine Glocke ist von Georg und Gottfried Ulrich, Gebr. in Apolda 1783 und die mittlere von Joh. Wittig in Erfurt 1843 gegossen.

Das Dorfsiegel von 1743 zeigt einen Arm der eine Wage hält, mit der Devise:

Discernit pondera rerum.

Kindelbrück.

Kleine Stadt, 8 Km. nördlich von Weissensee an der reissenden und tief eingeschnittenen Wipper, über welche hier eine Brücke führt, die, wie der Ortsname zu besagen scheint, Veranlassung zur Entstehung des schon in einem Hersfelder Güterverzeichnisse aus dem 8. Jahrhundert neben Griffestatt erwähnten „Kindelbrucenn" gegeben haben mag. Es war ursprüglich ein Dorf, dessen Einwohnern *(rusticis)* Landgraf Albert von Thüringen 1291 dieselben Rechte verlieh, welche die Bürger *(cives)* zu Weissensee genossen, aber erst die Landgrafen Friedrich, Balthaser und Wilhelm nennen den noch 1366 als *villa* bezeichneten Ort in einem Bestätigungsbriefe von 1372 zum ersten Male *civitas* und die Einwohner *cives* unter Hinzufügung neuer Privilegien und des Marktrechts.

Das Städtchen bildet ein gestrecktes Viereck. Die Stadtmauer wurde auf strengen landesherrlichen Befehl[1] im Jahre 1508 von Nickel Krantz, einem Maurer

---

[1] Das betr. Edict Herzogs Georg von 1507 am Tage Leonardi Confessoris, welches v. Hagke nicht erwähnt, ist bei Topp Sign. D 4 abgedruckt.

aus Frankenhausen aufgeführt; sie war auf der Westseite mit niedrigen Thürmen besetzt und ist noch ziemlich vollständig erhalten, jedoch ist der Ueberbau der vier Thore entfernt. Letztere heissen: Weissenseer, Frankenhäuser, Ober- und Unter-Thor. — Zum Bau eines Rathhauses hatten Kurf. Ernst und Herzog Albrecht zu Sachsen zwar bereits 1483 die Erlaubniss ertheilt, man machte aber erst 1501 den Anfang und fuhr aus Mangel an Mitteln sehr langsam fort. Das neue Rathhaus brannte dann 1582 wieder ab, und die Herstellung erfolgte erst bis 1589 und zwar unter Hinzufügung eines Thurmes. Bei einem Stadtbrande im Jahre 1761 wurde das Rathhaus abermals ein Raub der Flammen und dann bis 1788 wieder aufgebaut.

Kirchen sind zwei vorhanden. Die eigentliche Pfarrkirche S. Ulrici und die Nebenkirche „Sanct Ilgen," das ist S. Aegidii. Ein Pfarrer Meinhardus, *parochianus de Kindelbrucken*, kommt 1255 urkundlich vor, und 1280 geschieht der Kirche *(ecclesia parochialis)* Erwähnung, welche von den Brüdern von Heldrungen an den Deutschen Orden übertragen war, wozu Landgraf Heinrich von Thüringen 1288 die Bestätigung ertheilte. Im Jahre 1424 dotirte der Rath einen Altar der Jungfrau Maria, des heil. Urban und der heil. Margarethe in der Pfarrkirche und übte deshalb auch das Besetzungsrecht der mit diesem Altare verbundenen Vicarie, während das Pfarrlehn selbst nach einer Urkunde von 1489 dem Kloster Hersfeld zustand. Das vorhandene Kirchengebäude besteht, wie der Grundriss Fig. 15 erkennen lässt, aus zwei Theilen, dem gothischen, mit gerippten

Fig. 15.

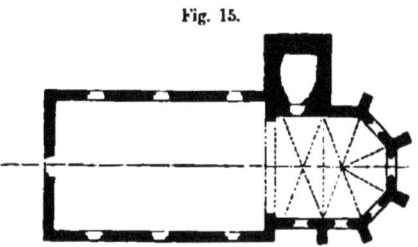

Kreuzgewölben überspannten Chor und dem späteren Schiff, deren Erbauungszeiten inschriftlich bezeugt sind. An einem Strebepfeiler auf der Südseite des Chores steht in Stein gehauen:

Anno domini mcccc xl. | quarta feria post festu | sancti bonifacii
incepta est hec | structura ecclesiae et mo xc

Aus dieser am Schlusse zwar defecten Inschrift[1] geht wenigstens mit Bestimmtheit hervor, dass der Bau Mittwochs nach dem Feste S. Bonifacii (= 6. Juni) 1440 begonnen wurde, und für die zweite Hälfte des 15. Jahrhunderts sprechen auch die Fig. 16a skizzirten Maasswerke der Fenster und die Steinmetzzeichen.

---
[1] Topp Sign D 3 liest den Schluss: „*ecclesiae et chori*."

Fig. 16 b. Der nördlich in dem Winkel zwischen Chor und Schiff stehende Thurm wurde nach v. Hagke (S. 160) 1501 begonnen, 1575 der Glockenstuhl gerichtet

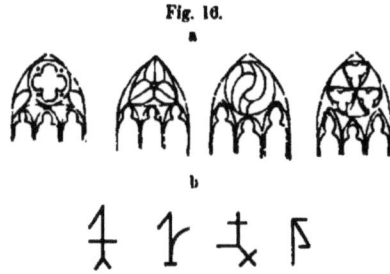

Fig. 16.

und 1522 der Bau durch Aufsetzen des Knopfes vollendet. Bei dem bereits erwähnten grossen Brande von 1582, welcher fast die ganze Stadt zerstörte, wurde auch das Schiff der Kirche nebst dem Thurm von den Flammen ergriffen, und die zwar sofort in Angriff genommene Herstellung dauerte bis 1609. Am Schiffe steht die Inschrift:

ANNO 1607 IST DIESES WERCK VERFERDIGET.

Bei einer abermaligen allgemeinen Feuersbrunst im Jahre 1761 wurden der Thurm mit den Glocken, die Dächer und das Innere der Kirche zerstört. Unter den Nöthen des siebenjährigen Krieges stockte die Wiederherstellung, und die Kirche St. Ilgen wurde längere Zeit zur Aushilfe benutzt. In einer an dem Glockenstuhle befindlichen, bei v. Hagke S. 161 abgedruckten Inschrift ist der Bau erst 1784 mit Aufsetzung der Glocken vollendet worden.

Nördlich neben dem Altare ist noch eine hübsche Sakramentsnische erhalten, die Tafeln des Altars aber sind schon 1568 verkauft worden, und ein 1422 zur Seite der Kirche errichteter Oelberg war bei dem Brande von 1582 so stark beschädigt worden, dass er 1607 abgetragen wurde; an der Stelle desselben wurde der Wendelstein gebaut. — An dem westlichen Eingange der Kirche steht:

PORTA SALVSQVE SITA EST NOBIS OMNIBVS IN VERBO VITAE.

Die auf dem Thurme hängenden drei Glocken von 1,58, 1,27 und 0,98 = Durchmesser sind 1762 von Joh. Georg Ulrich aus Laucha gegossen. Die Inschriften derselben sind bei v. Hagke S. 161 abgedruckt; sie sind auf den beiden kleineren Glocken in lateinischer Sprache abgefasst, und Meister Ulrich wird hier *opifex et civis Lauchensis* genannt. Auf jeder dieser Glocken ist das ältere (seit 1830 abgeschaffte) Stadtsiegel (Fig. 17) angebracht, welches gewissermassen ein redendes ist, da es eine dreibogige Steinbrücke darstellt, auf deren Brustlehnen zwei Kinder auf Steckenpferden reiten.[1] Gegenüber auf der anderen Seite der Glocken befindet

---

[1] Dieses Siegelbild, welches nach v. Hagke S. 149 auch im Kirchensiegel geführt wird, bezieht sich auf die offenbar erst aus einer volksmässigen Etymologie des Stadtnamens entstandene Sage von zwei Kindern, welche auf der Brücke mit Stöcken einander entgegengeritten, bei diesem Spiel in die Wipper gefallen und ertrunken seien.

sich ausserdem noch ein anderes Siegel der Stadt (Fig. 18), welches noch jetzt im Gebrauche ist: ein aufgerichteter Löwe, der mit dem rechten Hinterfuss auf einen behauenen Steinquader tritt.

Fig. 17. Fig. 18.

Zur älteren Geschichte der anderen städtischen Kirche St. Ilgen ist nichts bekannt. Bei einem Brande von 1528, welcher die ganze Oberstadt in Asche legte, brannte auch diese Kirche bis auf den Thurm ab und scheint nachher nie vollständig hergestellt worden zu sein. Als im Jahre 1633 durch Bettler, welche in der Kirche lagen, Feuer auskam, heisst es: „das Dach des Chores brannte ab, das andere Dach der Kirche war längst hinweg," und im Jahre 1700 wird die Kirche als „wüst und gebrochen" bezeichnet; doch konnte sie nach den nothwendigsten Herstellungen während des Neubaues der Ulrichskirche 1761—1784 zum Gottesdienste benutzt werden. Die Reste des Gebäudes bieten so wenig Interesse, dass es sich nicht verlohnt, etwas darüber zu sagen. Die Inschriften auf den Grabdenkmälern zweier um die Stadt verdienten Aerzte, des Leibmedicus Dr. Joh. Nicol. Grosshayn († 1696) und des Dr. Nicol. Kästner († 1707) hat v. Hagke S. 162 f. mitgetheilt.

Kutzleben.

Kirchdorf, 14 Km. westlich von Weissensee, in einem Hersfelder Güterverzeichnisse aus dem 8. Jahrhundert Cuceslebo, 1128 Kutzeleiben, 1174 Coczeloibin 1252 Cucceleiben, 1298 Kutzzeleibin, 1311 Kuczeleyben, 1318 Kutzschleben, 1326 Kutzeleuben etc. geschrieben. Das Dorf war, abgesehen von zeitweisen Verpfändungen des Hauptgutes, stets in unmittelbarem landesherrlichen Besitz, doch befand sich daselbst ausser mehreren Freigütern ein Hof der Johannitercommende zu Weissensee, welcher auch das Kirchenpatronat zustand. Die übrigen kleineren Güter gehörten im Laufe der Zeiten verschiedenen geistlichen Stiftungen (z. B. dem Marienstifte in Erfurt, dem Deutschen Hause zu Nägelstedt, dem Kloster Reinhardsbrunn) und Adelsfamilien (im 13. Jahrhundert den v. Summeringen, den Schenken von Varila, den v. Urbache, im 14. Jahrhundert den von der Kula etc.; im 15. Jahrhundert den v. Germar, v. Slatheim; im 16. Jahrhundert den v. Greussen); inwiefern aber die in Urkunden des 13. Jahrhunderts vorkommenden von Kutzleben im Zusammenhange mit dem gleichnamigen Orte gestanden haben, ist nicht nachgewiesen.

Das Alter der im westlichen Theile des Dorfes belegenen Kirche ist unbekannt. Im Jahre 1359 wird der Johanniter-Commenthur Huges als Pfarrer erwähnt. Das baufällige ältere Kirchengebäude wurde 1733 durch einen Neubau ersetzt, worauf sich die über dem Eingange befindliche chronostichische Steininschrift bezieht:

SanCta DeI seDes IoVae saCrata VerenDo porpetVo Vegetot
stetqVo nItore sVo

In einem früher als Sakristei benutzten Raume an der westlichen Seite der Kirche hat sich ein der Flügel beraubter gothischer Altarschrein mit geschnitzten, weiss angestrichenen Figuren erhalten, dessen nähere Beschreibung sich bei v. Hagke S. 414 findet.

Auf dem Thurme sind drei Glocken von 0,98 0,90 und 0,70ᵐ Durchmesser, deren grösseste 1613 von Melchior Möringk zu Erfurt gegossen ist. Die mittlere Glocke von 1440 hat die Minuskelinschrift:

✠ hilf ✠ gal ✠ maria ✠ berst ✠ saus ✠ bm ✠ m ✠ cccc ✠ xxxx.

Die kleine Glocke ist 1819 von J. B. Braun in Wasserthalleben auf Kosten der Parochianen gegossen.

Das Kirchensiegel zeigt in Uebereinstimmung mit dem ältesten Dorfsiegel zwei belaubte Bäume und dazwischen ein flammendes Herz.

Im Mittelalter befand sich im östlichen Theile des Dorfes eine zum Lehngute Kutzleben gehörige Kapelle, die später von der Gemeinde als Darrhaus benutzt wurde.

Lutzensömmern.

Kirchdorf mit vier Rittergütern, 12 Km. westlich von Weissensee am Prüsebach, zuerst 1277 als Luzelensumeringen (d. i. Sumeringen Sanctae Luciae) erwähnt, früher nur Sumeringen genannt und darum nicht mit Bestimmtheit von anderen gleichnamigen Orten (vergl. Gangloffsömmern, Sömmerda) zu unterscheiden. Schon 1216 waren hier die von Hausen ansässig, welcher Familie noch gegenwärtig drei der hiesigen Rittergüter gehören, während das vierte („das Schlösschen"), welches im 15. und 16. Jahrhundert denen von Ebeleben gehörte, später die Besitzer vielfach gewechselt hat. Die Kirche, die im 13. und 14. Jahrhundert dem Kloster Kapelle incorporirt erscheint (später unter von Hausen'schem Patronat), ist modern umgebaut, enthält aber noch eine alte, wegen dicker Ueberweissung fast unkenntliche Sacramentsnische, über deren Rundbogen sich ein Spitzbogen erhebt, unten mit vier fensterähnlichen, mit Maasswerk gefüllten Spitzbogenblenden neben einander.

Von den drei auf dem Kirchthurme befindlichen Glocken sind die beiden grösseren von 0,88 und 0,70ᵐ Durchmesser 1764 von Joh. Georg Ulrich in Laucha gegossen, die kleinste von 0,54ᵐ Durchmesser 1843 von Joh. Wettig aus Erfurt.

Das Kirchensiegel zeigt eine auf Wolken schwebende weibliche Figur, ohne Zweifel S. Lucia, die Titelheilige der Kirche. Ein grosses Steinbild der heil. Lucia zwischen zwei männlichen Figuren, von denen die eine ein Schwert, die andere eine Lanze auf die Heilige richtet, befindet sich nach v. Hagke S. 439 unweit der Dorfschenke. Dieselbe Darstellung erscheint auch auf dem Gemeindesiegel, mit der Inschrift: **Lucia ferro et igne atrocius dilaniata.**

Südlich vom Dorfe lag auf einer Anhöhe die in Urkunden des 9. Jahrhunderts als Fuldaisches Besitzthum vorkommende Fugelesburg (Vogelsburg), angeblich mit einer Wallfahrtskapelle S. Luciae.

Nausiss.

Kirchdorf, 3 Km. nordwestlich von Weissensee an der Helbe, unter mehreren gleichnamigen Ortschaften[1] zuerst 1282 als Nuseze mit Bestimmtheit nachgewiesen, und ebensolange in Beziehungen zur Commende Griefstedt, aber stets im landesherrlichen Besitz. Die der heil. Maria geweihte Kirche, deren Patronat der Commende Griefstedt zustand, ist 1750 neu gebaut, doch ist eine mittelalterliche Sacramentsnische conservirt worden.

Die drei Glocken haben 1,00, 0,85 und 0,66 ᵐ Durchmesser. Die grosse Glocke von 1724 hat J. Arn. Geyer in Nordhausen gegossen. Die Majuskelinschrift der mittleren Glocke ist noch nicht vollständig entziffert, und auch die anscheinend moderne kleine Glocke ist nicht näher bestimmt.[2]

Auf dem Kirchensiegel ist die Madonna mit dem Kinde auf der Mondsichel stehend in einer Strahlenglorie dargestellt.

Ottenhausen.

Kirchdorf mit zwei Rittergütern, 5 Km. westlich von Weissensee an der Helbe gelegen. Uoteneshusa erscheint im 9. Jahrhundert dem Kloster Fulda als zehntpflichtig und in einem aus dem 12. Jahrhundert herrührenden Güterverzeichnisse unter den alten Besitzungen dieses Klosters. Im J. 1116 übereignete Graf Erwin von Gleichen ein Gut, welches er in der *villa Utenhusin* besass, an das Kloster Reinhardsbrunn, von wo aus vermuthlich noch in der ersten Hälfte des 12. Jahrhunderts hier ein Benedictiner Nonnenkloster gegründet wurde, welches bis in die Reformationszeit bestand. Das Klostergut, welches jetzt Rittergutsqualität hat, wurde 1543 (oder 1545) von dem Landesherrn an Oswald von Kromsdorf verkauft, ging 1687 an die von Heringen über und 1788 an die Familie von Geusau, die sich bis 1850 im Besitze erhielt. Ausser diesem Hauptgute waren noch als Besitzungen verschiedener Adelsgeschlechter (von Udenhusen, von Hake, von Grussen etc.) mehrere Freigüter vorhanden, die jetzt grösstentheils zu einem zweiten Rittergute vereinigt sind.

Eine *ecclesia* in Udenhusin wird zwischen 1111 und 1137 erwähnt, 1324 eine *capella beatae Mariae virginis*, und 1340 genehmigt Erzb. Heinrich III. von Mainz die Errichtung einer Kapelle in dem Dorfe Ottenhausen. Die jetzt vorhandene Ortskirche (Fig. 19) ist wahrscheinlich die ehemalige Klosterkirche und rührt er-

---

[1] Z. B. bei Gehoven, bei Erfurt etc.

[2] Die mittlere Glocke hat eine dreizeilige obere Majuskelinschrift, die aber wegen grosser Dunkelheit im Thurm um so schwieriger zu lesen ist, als der Glockenstuhl sehr eng und die Buchstaben in Contouren sehr matt eingeritzt sind; soviel wurde erkannt, dass die oberste und unterste Zeile in verkehrt stehenden Buchstaben dargestellt ist, und die mittlere allein richtig. Auch konnte man die Jahreszahl 1332 entnehmen. Sie enthält einen lateinischen Spruch, worin unter anderm *rinos roco* vorkommt. Ein sorgfältiger Abdruck muss vorbehalten bleiben. — Auch die kleinere Glocke konnte nicht bestimmt werden, sie scheint aber dem gegenwärtigen Jahrhundert anzugehören, und der Cantor behauptete, dass sie Ulrich gegossen habe. G. S.

Fig. 19.

Kirche zu Ottenhausen.

sichtlich aus drei verschiedenen Bauzeiten her. Der älteste Theil ist der sich zwischen Schiff und Absis erhebende querhansartige, mit zwei niedrigen Spitzthürmen versehene romanische Thurmbau, dessen gekuppelte Rundbogenfenster auf das 12. Jahrhundert deuten können. Die polygone Absis erscheint eher frühgothisch; sie dient gegenwärtig als Sacristei und hat im vorigen Jahrhundert ein Mansardendach erhalten. Das Schiff wurde 1717 erneuert, um 8,48" verlängert und in den Mauern erhöht. — (Fig. 19 ist nach dem in Fig. 24 gegebenen Maassstabe gezeichnet.)

Fig. 19.

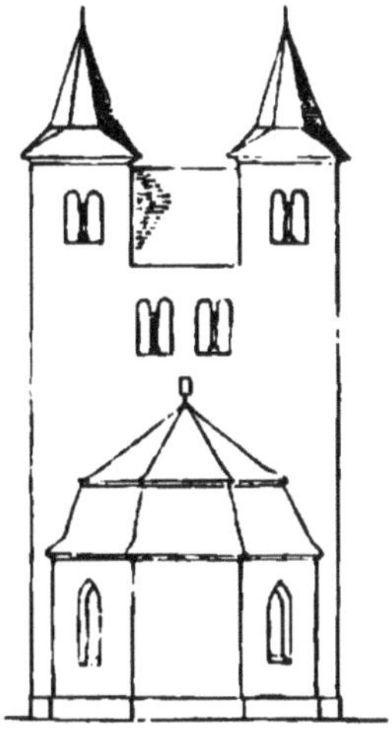

Bemerkenswerth ist der reiche und wohl erhaltene Altarschrein mit reich vergoldeten Schnitzfiguren. Der Mittelschrein enthält die Krönung Mariae mit zwei heiligen Bischöfen auf den Seiten; rechts S. Kilian mit dem Schwert als Titelheiliger der Kirche und links der heil. Urban mit der Weintraube. Auf den Flügelklappen stehen in zwei Etagen die 12 Apostel, zu dreien neben einander. Auf der Rückseite sind ziemlich gut in Oel gemalte Passionsscenen: das Gebet am Oelberge, die Gefangennehmung, die Verspottung, die Dornenkrönung, die Geisselung, die Kreuztragung, die Kreuzigung und die Grablegung Christi. Am Fusse sind zwei Wappen angebracht. Das eine zeigt zwei gekreuzte silberne Schlüssel im blauen Felde (v. Hagke), das andere drei schwarze Schrägbalken im silbernen Felde.[1] Ausserdem sind noch Reste eines anderen Altares vorhanden mit der Darstellung der heil. Sippe. Vorn sitzen Maria mit dem Kinde und die heil. Anna; dahinter stehen Joseph, die drei Männer der heil. Anna und noch andere Familienglieder: ein Mann, eine Frau mit einem Wickelkinde und noch drei anderen Kindern.

Ein grosser messingener Kronleuchter der Kirche ist Geschenk des Corporals Heinr. Ernst Manhardt vom J. 1673.

Noch zu erwähnen ist ein mit 30 Wappen geschmücktes Epitaphium, auf welchem ein Ritter und eine Frau neben Crucifixen kniend dargestellt sind. Der Ritter ist ein Herr von Kromsdorf auf Ottenhausen und Lebusa, geb. am 13. Sept. 1626 zu Langensalza, gest. am 17. Sept. 1684 zu Dresden.

Die drei Glocken der Kirche haben 1,16 0,98 und 0,78" Durchmesser. Auf der grossen, von N. J. Sorber in Erfurt 1725 gegossenen sind die Wappen der Patronatsherrschaft, des H(ans) L(udwig) v. **Heringen** und seiner Gattin **R. S. v. H., geb. v. Starschedeln**, angebracht. Die zweite Glocke ist 1766 von F. W. Barth in Erfurt und die dritte mit den Siglen V(erbum) D(omini) M(anet) I(n) Æ(ternum) 1782 von J. Gottfr. Ulrich in Apolda gegossen.

---

[1] Nach v. **Hagke** S. 525 steht auf der Rückseite des Altares: *Anno Dom. 1517 sec. Dionysium,* und 1518 kommt ein Jorg v. Hacke in Ottenhausen vor (vergl. ebd. S. 537), welcher also im Verein mit seiner Ehefrau den Wappen zufolge den Altar gestiftet haben könnte.

Das Kirchensiegel zeigt das Brustbild des heil. Kilian, rechts und links mit den Buchstaben S. und K.

Die örtliche Ueberlieferung spricht von einem unterirdischen Gange, der aus dem hiesigen Nonnenkloster nach dem Pfaffenhofe der Johanniter in Weissensee geführt habe, und eine vermauerte Thür in dem Keller eines Wohnhauses gilt als der ehemalige Eingang, wie auch im Keller des Pfaffenhofes zu Weissensee der Ausgang gezeigt wird.

Riethgen.

Kirchdorf, 5,5 Km. nordöstlich von Weissensee. Im Jahre 1234 schenkten die Landgrafen Heinrich und Hermann unter anderen auch ihre Güter „*in villis, quae dicuntur Rieth*" an die Commende Griefstedt (s. d.), und da 1273 und 1315 ein „Niedernrieth," und 1339 ein „Tüzelrieth" (?) erwähnt wird, so dürfte es zwei Dörfer des Namens Rieth gegeben haben, wofür auch angeführt werden kann, dass sich südlich von Rüthgen ein mit Gräben umgebenes Stück Land befindet, welches „das alte Dorf" oder „Altendorf" heisst. Die Schreibung „Riethgen" statt der früheren „Rieth" scheint erst im 16. Jahrhundert vereinzelt vorzukommen, wird aber seit dem 18. Jahrhundert allgemein üblich. Das Dorf stand der Commende Griefstedt seit ihrer Stiftung zu, und die von den Einwohnern desselben erbpachtweise inne gehabten Stiftsländereien sind ihnen erst 1853 zu freiem Eigenthum überlassen worden. — Riethgen war ursprünglich Annex der Pfarre zu Commende Griefstedt, seitdem aber um 1525 der Sitz des Pfarrers von Griefstedt hierher verpflanzt wurde, ist letzteres Filial von Riethgen geworden. Während des 30jährigen Krieges wurde das Dorf wiederholt verwüstet und war zeitweise ganz unbewohnt. Die Herstellung der Kirche erfolgte 1661 und 1662. Auf dem geschmacklosen Thurme derselben befinden sich drei Glocken von 0,84 0,66 und 0,46 ▪ Durchmesser. Die kleinste ist sehr schlank und ohne Schrift, die beiden anderen sind 1819 von den Gebrüdern Ulrich in Apolda gegossen.

Rohrborn.

Kirchdorf, 9 Km. südöstlich von Weissensee, welches, obwohl sicherlich viel älter, erst seit 1327 in den Urkunden des Augustinerklosters zu Erfurt auftaucht, das hier Besitzthümer erworben hatte. Lehnsherren des Dorfes waren die Grafen von Beichlingen, welche dasselbe im 15. Jahrhundert wiederkäuflich an einige Erfurter Bürger überliessen, von denen es 1466 in den Besitz des Rathes zu Erfurt gelangte und mit dieser Stadt 1802 an die Krone Preussen fiel. Das Kirchenpatronat stand dem Propste des Marienstifts in Erfurt zu. Im 30jährigen Kriege wurde fast das ganze Dorf zerstört, und die Zahl der Einwohner war bis auf 12 reducirt. Die Pfarrstelle konnte erst 1656 wieder besetzt werden. Die sehr baufällige Kirche wurde 1763 erneuert, der auf der Ostseite des Schiffes stehende Thurm jedoch rührt noch von der alten romanischen Anlage her; er öffnet sich westlich gegen das Schiff in einem halbkreisförmigen Bogen mit Kämpferschrägen und zeigt an der Ostseite, wo sich ursprünglich eine Absis angeschlossen haben muss, einen jetzt vermauerten Rundbogen, dessen Kämpfer der umgekehrten attischen Basis entsprechend gegliedert sind. Oben an der Glockenstube befindet sich an der

Nordseite noch eine gekuppelte romanische Schallöffnung. In dem Glockenstuhle, an welchem nach v. Hagke S. 559 die Jahreszahl 1611 eingehauen ist, hängen zwei Glocken von 0,66 und 0,50 m Durchmesser. Die grössere ist 1696 von Hans Heinrich Rausch in Erfurt, die kleinere 1777 von Ulrich in Apolda gegossen.[1] In dem redenden Siegel der Kirche ist ein mit Schilfrohr umgebener Brunnen dargestellt.

Schallenburg.

Kirchdorf, 7 Km. südlich von Weissensee, am linken Ufer der Unstrut, welches seinen Namen von der Schalkenburg erhalten hat, die einst südwestlich von demselben belegen gewesen sein soll und von mittelalterlichen Chronisten als schon zur Zeit Karl's des Grossen existirend erwähnt wird; sie soll in den Kriegen der Sachsen gegen Kaiser Heinrich IV. zerstört worden sein. Urkundlich wird Schalkeburg (Schalkborg, Schalkenborg, Schallenburg) erst im 14. Jahrhundert genannt: 1327 kommt Grosson-Schalkeburg vor, und 1419 wird Wenigen-Schalkenberg erwähnt, das eine anscheinend abhängig von Fulda, das andere von Hersfeld. Wenigen-Schalkenburg kann 1579, wo von einem Weinberg in Wüsten-Schallenburg die Rede ist, nicht mehr vorhanden gewesen sein, und der im 18. Jahrhundert beabsichtigte Wiederaufbau des untergegangenen Ortes kam nicht zustande. Hersfeld veräusserte im 15. Jahrhundert seine Schallenburgischen Besitzungen an die Grafen von Gleichen, und die Abtei Fulda die ihrigen an die Grafen von Schwarzburg, übte jedoch, nachdem der Rath von Erfurt 1418 Schallenburg erworben hatte, auch später noch oberlehnsherrliche Rechte aus. Mit dem Erfurter Gebiete gelangte das Dorf 1802 an Preussen. Die Kirche, deren Thurm noch spätgothische Formen zeigt,[2] wurde 1701 durch Anbau um die Hälfte vergrössert und modernisirt, doch hat sich in derselben ein im Ganzen wohl conservirter Altarschrein erhalten mit der Krönung Mariae auf besonders erhöhtem Untersatz in der Mitte und drei Heiligen auf jeder Seite. An den Seitenklappen stehen ebenfalls je drei Heiligenfiguren.

Die drei Glocken haben 0,93, 0,76 und 0,60 m Durchmesser; die grosse ist 1722 von Ulrich in Apolda, die beiden anderen sind von Sorge in Erfurt gegossen.

Das Kirchensiegel zeigt in einer Guirlande einen von der Sonne bestrahlten Altar mit aufgeschlagener Bibel und unterhalb auf ovalem Schilde einen Crucifixus.

Scherndorf.

Kirchdorf, 4 Km. östlich von Weissensee an der schmalen Unstrut, gehörte wie das Mutterkirchdorf Waltersdorf und das Dorf Riethgen zu den Besitzungen der Commende Griefstedt und war der dortigen Herrenkapelle schon 1272 zins-

---

[1] Von Hagke erwähnt a. a. O. auch den am Fusse mit vier geflügelten Engeln und am oberen Theile mit der Inschrift (Marc. 10,14): Lasset die Kindlein zu mir kommen etc. versehenen Taufstein der Kirche und bemerkt, dass die Windfahne des Thurmes das Mainzer Rad und die Jahreszahl 1671 enthält.

[2] Eigenthümlich genug mit Spuren einer Galerie hinter einfachen Zinnen und vor einer Steinpyramide, die durch Ueberkragung gebildet gewesen, weil vier Wasserausgüsse aus den Ecken hervortreten, die sonst keinen Sinn hätten. G. S.

pflichtig. Die Einwohner standen mit ihren Aeckern früher nur im Erbpachts
verhältnisse zu der Commende, sind aber seit 1853 freie Eigenthümer geworden.
Ueber die Erbauungszeit der dem Salvator gewählten Kirche fehlen die Nachrichten.
Die beiden vorhandenen Glocken haben 0,87 und 0,65 " Durchmesser; die grössere
ist 1787 von J. George Ulrich in Laucha, die kleinere 1845 von Benj. Sorge in
Erfurt gegossen.
Auf dem Kirchensiegel ist ein Kleeblatt.

Schilfa.

Kirchdorf, 7 Km. westlich von Weissensee, mit einem Rittergute, welches
sich, wie mindestens seit dem 14. Jahrhundert im Besitze der Familie von Hagke
befindet, die sich früher Hake (Hacke) schrieb. Die Kirche zu Schilfa *(ecclesia
Schilffe)* wird zuerst 1318 erwähnt und stand damals unter Patronat des Praemon-
stratenserklosters Ilfeld, muss aber später in Verfall gerathen sein, da das Dorf im
16. Jahrhundert in Gangloffsömmern eingepfarrt war, und erst um 1555 die jetzige
kleine Kirche, als Filia von Gangloffsömmern, von Gaugolf Hacke am westlichen
Ende des Ortes erbaut wurde. Nach einer Verwüstung durch die Schweden im
J. 1639 wurde dieselbe durch Gottfried Hacke's Witwe wieder aufgebaut. Am
westlichen Giebel lehnt ein sehr beschädigter alter Grabstein, welcher 1842 be-
einem Bau in der Mutterkirche von dort hieher versetzt wurde. Auf demselben
befindet sich in einem dreieckigen Schilde das v. Hagke'sche Wappen, zwei über-
zwerch gelegte Schlüssel und auf dem gekrönten Turnierhelm zwei Adlerflügel.
Von der defecten Inschrift ist nur zu lesen:

ANNO DOMINI MCCCLXV . . . . AVS HAGH

Die beiden Glocken befinden sich in einem besonderen Glockenhause vor
der Kirche; die grössere von 0,89 " Durchmesser ist von Hans Möringk gegossen
„im namen gots anno . m . q . lxx." (1570); die kleinere hat 0,61 " Durchmesser
und ist 1838 von Benj. Sorge in Erfurt gegossen.

Schwerstedt.

Kirchdorf, 11 Km. westsüdwestlich von Weissensee am Oedebach, 1143 Swe-
stete, 1222 Schwegerstede, 1225 Swegerstet, 1225 Swertstete, 1297 und später
Schwerstete geschrieben, darf nicht mit einem gleichnamigen Orte im Weimarischen
(südwestlich von Buttelstedt) verwechselt werden. Seit dem 12. Jahrhundert hatte
hier das Peterskloster in Erfurt Besitzungen, ebenso seit dem 13. Jahrhundert die
Klöster Volkenrode, Reifenstein und Oldisleben, im 14. Jahrhundert das Marienstift
in Erfurt, die Klöster Bonnrode, Reinhardsbrunn und S. Andreas zu Erfurt.
Hieraus erklären sich die Namen Mönchfeld, Mönchweide, Nonnenbach, Mönchgasse
die sich bis heute erhalten haben. Ausser den genannten Klöstern hatten aber auch
viele Adelsgeschlechter, deren Namen sehr häufig wechseln, hieselbst Grundbesitz.
Die Grafen von Clettenberg, die von Blankenhain, von Stussfurt und von Divorte
gerirten sich als Oberlehnsherren, die Afterlehen ertheilten. Im 13. und 14. Jahrhundert kommt auch eine Familie de Swerstete vor.
Das Dorf erhielt vom Landgrafen Albrecht 1303 Befreiung von Lasten und

Fronen, und ähnliche landesherrliche Privilegien wurden der Gemeinde auch später zutheil, welche sich ihrerseits dadurch auszeichnete, dass sie sich im Bauernkriege nicht nur ruhig verhielt, sondern selbst durch Entsendung ihrer wehrhaften Männer zum Entsatze der von den Meuterern belagerten Stadt Weissensee mitwirkte. Zum Andenken hieran hält die Gemeinde jährlich am Tage Mariae Heimsuchung einen Auszug mit einer ihr von dem Herzoge Johann Adolf von Weissenfels verliehenen Fahne, welche des jetzt regierenden Kaisers und Königs Majestät im Jahre 1864 durch eine schöne neue zu ersetzen geruht hat.

Die dem heil. Georg geweihte Kirche wird zuerst 1222 erwähnt und war dem Kloster Reifenstein (auf dem Eichsfelde) einverleibt. Ein Neu- oder Reparaturbau derselben wurde im Jahre 1562 geplant, zu dem jetzt vorhandenen Gotteshause wurde der erste Stein am 22. April 1755 gelegt, und die Weihe geschah *in honorem S. Trinitatis;* der Thurm jedoch, der rings mit doppelten Spitzbogenfenstern versehen ist, wurde von dem älteren Bau beibehalten, und ebenso conservirte man das Mittelstück eines Altarschreines (1,5 ᵐ breit, 1,7 ᵐ hoch), ein Schnitzbild, welches die zwölf Apostel und Maria in deren Mitte darstellt, die nach oben weisen (—also die Himmelfahrt Christi?) Den Hintergrund füllen auf beiden Seiten mit Bäumchen besetzte Berge, auf denen sich zwei Burgen erheben. Unten am Fusse links kniet eine kleine betende Figur, der Stifter oder die Stifterin des reich angelegten Werkes, welches v. Hagke S. 621 mit völliger Bestimmtheit dem Michael Wohlgemuth (1434—1519) zuschreibt. Der Grund des Schreins ist golden mit eingedrücktem Tapetenmuster; oben ist eine strahlende Sonne angebracht.

Nach v. Hagke a. a. O. befindet sich in einem östlichen Kirchenfenster das alte Schwerstedter Wappen, bestehend aus einem Kreuz und einer Streitaxt in Kreuzesform, wobei das Kreuz von einer Zwiebelpflanze durchwachsen ist, welche letztere auch im Siegel der Kirche geführt wird, anscheinend mit Beziehung auf den im Orte seit alters betriebenen sehr ausgedehnten Zwiebelbau, weshalb das Dorf im Volksmunde auch „Zippelschwerscht" genannt wird.

Die auf dem Thurme hängenden drei Glocken haben 1,12 0,88 und 0,74 ᵐ Durchmesser Die grosse, 1671 von Franz Wolf Geyer in Erfurt gegossen, ist gesprungen, die beiden anderen sind 1857 von Benj. Sorge ebendaselbst gegossen.

Sömmerda.

Stadt, 6,5 Km. südöstlich von Weissensee am rechten Ufer der Unstrut. Die Zahl der Einwohner, welche im Jahre 1816 nur 1933 betrug, hat sich besonders infolge der hier seitdem durch Nicolaus v. Dreyse, den Erfinder des Zündnadelgewehrs, in seiner Vaterstadt begründeten Gewehrfabrication fast bis auf 6000 gehoben, während die kaum halb so grosse Kreisstadt nur gegen 2000 Einwohner zählt — Geschrieben findet sich der Name des Ortes im 10. Jahrhundert Sumerde, im 12. Jahrhundert Sumerda, im 14. Jahrhundert Somirda major, Grossin Sommerda zur Unterscheidung von Wenigen-Sömmerda, im 15. Jahrhundert Grossen-Somerda, im 16. und 17. Jahrhundert Gross-Sömmerda, seit dem 18. Jahrhundert Sömmerda.[1] — Obgleich der Ort viel älter ist, tritt derselbe doch erst zu Anfang

---

[1] Wenn ausserdem in mittelalterlichen Urkunden und Geschichtsschreibern vielfach die Schreibung Sumeringen, Someringen etc. vorkommt, so ist in älterer Zeit die Beziehung oft

des 10. Jahrhundert in die sicher beglaubigte Geschichte, und zwar als eine Besitzung der Eltern Konrad des Saliers, die dieser Kaiser um 918 zu seinem und seiner Mutter Glismunda Seelenheil dem Kloster Fulda zum Geschenk machte, welches daher stets und noch gegen Ausgang des 17. Jahrhunderts oberlehnsherrliche Rechte über Sömmerda ausübte. Im Jahre 1268 wurde Heinrich Graf von Honstein vom Abte Berthold zu Fulda mit Gross-Sömmern beliehen, aber die Grafen von Honstein blieben nur bis 1325 in diesem Verhältnisse, in welches dann die Grafen von Schwarzburg traten. In einer Fehde mit der Stadt Erfurt 1342 geriethen Graf Günther und sein Sohn in die Gefangenschaft derselben und mussten für die Kriegskosten den Ort Sömmerda mit allem Zubehör an die Stadt abtreten, welche ihre Eroberung erst nach einer Reihe von Jahren wieder heraus gab, als die Besiegten alle übernommenen Verpflichtungen erfüllt hatten. Das Haus Schwarzburg blieb nun im ungestörten Besitz bis 1418, wo Graf Heinrich Sömmerda und Schallenburg an den Rath zu Erfurt verkaufte. Mit dieser Stadt wurde Sömmerda 1665 dem Kurfürstenthum Mainz einverleibt und ging durch den Frieden von Luneville 1802 mit dem Erfurter Gebiete an Preussen über.

Sömmerda war ursprünglich Dorf und wurde noch im 14. Jahrhundert, wie alle ländlichen Ortschaften in Thüringen, von Männern aus der Dorfgemeinde (Heimbürgen) verwaltet; in einer Urkunde von 1435 dagegen wird bereits ein Rathsmeister zu Sommerda erwähnt, und in einer anderen von 1459 kommen „*Rath und Rethe des Flegkis Grossen-Sömmerda*"[1] vor, was ein städtisch geordnetes Verwaltungswesen voraussetzen lässt. Dessenungeachtet wird der Ort, der zwar 1523 *oppidum* heisst, später im 16. Jahrhundert wieder als Dorf und 1581 als Dorfschaft bezeichnet, muss jedoch bald nachher volles Stadtrecht erhalten haben.

Ein eigenes Siegel hat Sömmerda schon im 14. Jahrhundert geführt; ein Abdruck desselben ist an einer Urkunde von 1369 im Staatsarchive zu Sondershausen erhalten und in den Mittheil. des Erfurter Geschichtsvereins II. Taf. III. 2 zu S. 181 abgebildet: es zeigt im runden Felde von 27ᵐᵐ Durchm. den nach rechts gerichteten Obertheil des gekrönten Schwarzburgischen Löwen und hat die Majuskelumschrift:

☩ S' VILLA . SOMIRDA ☩ ☩ MAIORIS ☩ ☩

Auch ein späteres Siegel, dessen Stempel von dem Magistrat noch aufbewahrt wird, aus der Zeit, wo der Ort bereits Erfurtisch war, ist a. a. O. I. Taf. IX zu S. 119—122 (vergl. S. 57 f.) abgebildet; es hat die Umschrift:

✿ SIGILLVM ✿ DES ✿ FLFCKIS ✿ GROSSIN ✿ SVMMERDE

und zeigt über dem Erfurter Rade einen rechts sehenden Adler mit ausgebreiteten Flügeln (angeblich das an Sömmerda von dem Erfurter Rathe verliehene Wappen-

---

zweifelhaft, da in einem geringen Umkreise zu viele Orte dieses Namens vorkommen und erst später einen unterscheidenden Zusatz erhielten, vergl. oben S. 9 Gangloffsömmern, S. 31 Lutzensömmern. — Ebenso bleibt es unsicher, zu welchem Orte dieses Namens die bis über das 13. Jahrhundert hinaus vorkommende Familie von Summeringen in Beziehung gestanden hat

[1] Vergl. Mittheil. des Vereins für die Geschichte etc. von Erfurt 1. S. 119.

bild), gleicht also dem modernen, Fig. 20b abgebildeten Stadtsiegel. Ein grösseres, zu den Ausfertigungen des Magistrats noch gegenwärtig benutztes quer ovales

Fig. 20.

Siegel ist 1802 angefertigt und bezieht sich, wie auch das am Rathhause befindliche Stadtwappen, ersichtlich zugleich auf mehrere andere Erfurtische Besitzungen; es enthält nämlich (vergl. Fig. 20a) sechs Wappenschilde und zeigt in dem oberen Mittelschilde und auf dem Helme das Erfurter Rad, daneben rechts einen Schild mit vier Pfählen (wegen Kapellendorf), links den Schild mit einem Adler (wegen Vieselbach)[1] und unten in der Mitte einen Schild mit dem beschriebenen Wappen von Sömmerda, rechts daneben einen quadrirten Schild (wegen Vippach) und links einen Schild mit einem Rade (wegen Vargula).

Die Stadt (s. die Planskizze Fig. 21) erstreckt sich längs der Unstrut, die hier ihren Lauf von Osten durch Westen nach Norden wendet, und wird an ihrer

Fig. 21.

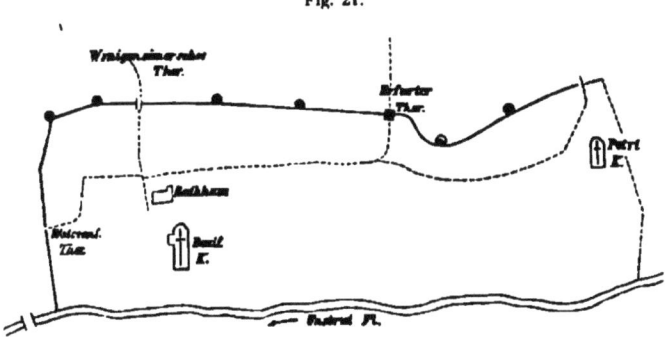

südlichen und westlichen Seite von diesem Flusse begrenzt; sie hat in demselben einen natürlichen Schutz, weshalb man sich damit begnügte nur die Landseite zu sichern, auf welcher drei Thore in die Stadt führen, nördlich das Weissenseer,

---

[1] Vieselbach war 1286, Kapellendorf 1348, Vargula (s. Heft II. S. 83) 1385 und Vippach 1387 an Erfurt gekommen.

östlich das Wenigensömmersche und das Erfurter Thor. Letzteres (Fig. 22) bildet eine spitzbogige Durchfahrt durch einen schmucklosen quadratischen Thurm und soll 1395 erbaut worden sein, hat aber über seinem Walmdach einen zopfigen

Fig. 22.

Aufbau. Die Ringmauer wurde erst in den Jahren von 1591 bis 1598 errichtet und kostete 1925 Gulden 1 Groschen 2 Pfennige. Auf der Ostseite derselben sind 6 Rundthürme mit Zeltdächern vertheilt, deren Mauerwerk nicht viel höher ist als die Mauer, aus welcher sie über den Halbkreis hervortreten (Vergl. Fig. 23);

Fig. 23.

ihr Nutzen für Kriegszwecke kann wohl nur gering gewesen sein. — Nach Erzählungen der Chronisten wurde Sömmerda in dem Kriege Friedrich des Gebissenen mit der Stadt Erfurt 1312 von den Erfurtern verheert und verbrannt. Das bei Sömmerda befindliche feste Schloss, das an der Unstrut belegen gewesen sein soll, und welches der Landgraf 1310 nach wehrwöchentlicher Belagerung eingenommen hatte, zerstörten die Erfurter ebenfalls. Eine abermalige Plünderung und Verheerung des Ortes durch Feuer und Schwert, diesmal durch den Landgrafen, wird zum Jahre 1335 berichtet. — Im 30jährigen Kriege hatte die Stadt viel zu leiden, da Erfurt zum Schutze derselben weder ernsten Willen zeigte, noch auch die Macht hatte.

Die Kirchen.

Sömmerda hatte, wie gegenwärtig, schon sehr frühzeitig zwei Kirchen,[1] ohne dass es jedoch möglich wäre, den etwaigen Zusammenhang der jetzigen mit jenen alten Kirchen nachzuweisen, da es an allen Nachrichten fehlt. Die Hauptkirche ist dem heil. Bonifacius geweiht, die andere, südöstlich in der oberen Stadt belegen, kommt zuerst in einer Urkunde von 1308 als Oberkirche S. Peter vor, und im Jahre 1523 ist die Rede von der Investitur Johann Grosse's „ad vicariam altaris Sim. et Jud. in ecclesia S. Petri opidi Sommerde." Im Jahre 1750 werden Petrus und Paulus als die Titelheiligen dieser Kirche genannt. — Ausserdem geschieht noch einer „Kirche S. Jacobi auf dem Anger" Erwähnung, die 1404 errichtet wurde, aber nicht lange bestanden haben kann, da die Steine derselben 1562 zur Vollendung der Bonifaciuskirche verwendet wurden. — Die kleine katholische Kirche existirt erst seit etwa 25 Jahren.

1. Die Bonifaciuskirche.

besteht, wie auch der (nach demselben Maasstabe wie Fig. 15 gezeichnete) Grundriss Fig. 24 erkennen lässt, aus drei anorganisch zusammengesetzten Theilen. Die

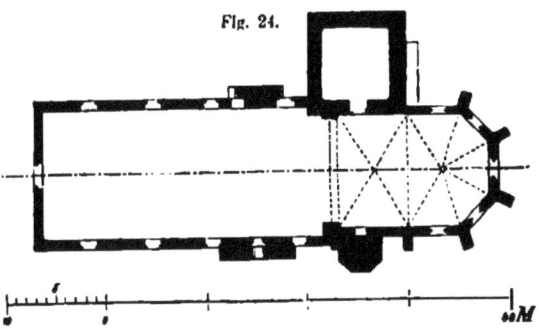

Fig. 24.

Erbauungszeit des drei Etagen (3½ Breiten) hohen viereckigen Thurmes, der am Westende der nördlichen Chorseite steht und in der Glockenstube gothische Fenster mit einigem Masswerke hat, wird durch eine an der Ostseite desselben befindliche Inschrift, die den Anfang des Baues im Jahre 1462 bekundet, festgestellt. Diese

---

[1] Vergl. Knochenhauer, Gesch. Thüringens in der karol. und sächs. Zeit. S. 162.

Kreis Weissensee.

Minuskelinschrift ist zum Theil durch die Treppenwange der äusserlich angebrachten Thurmtreppe verdeckt und lautet:

𝔄𝔫𝔫𝔬 𝔡 𝔐𝔠𝔠𝔠𝔩𝔵𝔦𝔦 (𝔦𝔫
𝔡𝔦𝔢) 𝔖𝔞𝔫𝔠𝔱𝔢 𝔟𝔬𝔫𝔦𝔣𝔞𝔠𝔦𝔦 𝔪
𝔠𝔢𝔭𝔱𝔞 𝔢𝔰𝔱 𝔥𝔢𝔠 𝔱𝔲𝔯𝔯𔦦𝔰

Der obere Thurmaufsatz mit der Thürmerwohnung und der schlanke Helm gehören den im 16. Jahrhundert an der Kirche vorgenommenen Bauten an, die sich ausserdem auf das Schiff erstreckt haben dürften. Letzteres ist ersichtlich auf dem Grunde eines früheren Baues erneuert und wohl auch vergrössert worden und zwar mit Wiederbenutzung der alten Eingangsthüren (Vergl. Fig. 25). Es ist im übrigen ganz schmucklos. Auf der Südseite ist an der Brüstung der äusserlich angebrachten Emporentreppe ein Steinrelief, welches den auf wellenähnlich gebildeten Wolken schwebenden Gott Vater mit segnend erhobener Rechten und mit der Weltkugel in der Linken darstellt. Links neben dem Bilde steht:

ANNO DOMINI	und rechts	VND DASSELBE
1.5.6.2.DEN.7	desselben:	HARDEN 18 TAG
TAG MARTII IST		NOVEMBRIS VER
DIS WERGK		BRACHT DVRCH
ANGEFANGEN		M:MERTEMALLER

An dem Bildwerke findet sich das Steinmetzzeichen (Fig. 26). Die äussere Erscheinung der Kirche, die dadurch beeinträchtigt wird, dass auf beiden Langseiten, die zu den Emporen führenden, mit Schutzdächern versehenen Treppen-

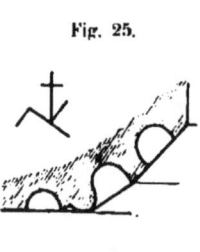

Fig. 25.

Fig. 26.

Fig. 27.

aufgänge (Cavaten) ausserhalb über den Eingängen des Schiffes liegen, präsentirt sich am vortheilhaftesten auf der Ostseite (s. Fig. 27), wo der gothische, im halben

Achteck geschlossene Chor zur Geltung kommt. Derselbe ist, den gerippten Kreuzgewölben des Innern entsprechend, mit Strebepfeilern versehen, die sich in Höhe der Fensterbänke absetzen. — Von Hagke giebt S. 197 folgende baugeschichtliche Nachrichten über die Kirche: „Die St. Bonifaciuskirche war schon in der Mitte des 15. Jahrhunderts dem gänzlichen Verfall nahe und blieb geraume Zeit in diesem Zustande. Mit dem Wiederaufbau (?) derselben soll im Jahre 1525 der Anfang gemacht worden sein, es scheint der Bau indess erst im Jahre 1562, unter Zuhilfenahme der Steine der Jacobikirche, zur Vollendung gelangt zu sein. Die Kosten beliefen sich auf 2775 Gulden 12 Groschen und die Kosten des 4 Jahre später erbauten (?) Kirchthurmes auf 1275 Gulden 4 Groschen 10 Pfennige." Mit welchen Einschränkungen diese Angaben auf das vorhandene Kirchengebäude Anwendung finden, dürfte die vorstehende Beschreibung desselben ergeben.

Mehr, als das Aeussere der Kirche verspricht, bietet das Innere dar. Zunächst befindet sich noch an Ort und Stelle auf dem Hochaltare ein wohl erhaltener, reich geschnitzter Schrein von schöner Arbeit. Das Mittelstück zeigt unter drei halbachteckigen Baldachinen die Aufnahme der Maria[1] in den Himmel: sie kniet auf einem Wolkenornament und wird von Gott Vater und Sohn, über denen zwei Engel schweben, gesegnet. Unten stehen vier Figuren[2] und blicken nach oben; sie halten Bänder mit Sprüchen zum Preise der Maria, soviel sich entziffern liess, in Worten des hohen Liedes Salom. (2,13; 6,9) nach der Vulgata. Neben dieser Hauptdarstellung sind unter baldachinähnlichen Bögen auf beiden Seiten noch je zwei Vorgänge aus dem Leben der Maria angebracht; links oben die Verkündigung und unten die Geburt Christi; rechts unten die Anbetung der Könige und oben das lehrende Jesuskind. Dazu gehörten früher noch zwei, jetzt höher placirte Seitentafeln, auf denen in zwei Etagen zweimal fünf Heilige, grösstentheils mit ihren Attributen, dargestellt sind.

Hinter dem Altare finden sich zwei alte Gemälde, die Kreuzigung und die Auferstehung Christi, im Stile der Zeit nach 1400.

Der unter dem Triumphbogen auf der Grenze von Chor und Schiff befindliche, regelmässig dem h. Kreuze geweihte Altar kennzeichnet sich als solcher durch eine sehr schöne, figurenreiche und ausdrucksvolle Darstellung der Grablegung Christi. Der Hintergrund zeigt die Stadt Jerusalem, aus deren Thor nach rechts hin der Zug nach Golgatha schreitet, den die beiden gefesselten Schächer eröffnen, während der sein Kreuz tragende Christus mit zwei Männern und zwei Frauen aus dem Thore kommt. Zu äusserst links ist das Gebet in Gethsemane dargestellt; hinter der Thür des Gartens sieht man den Judas an der Spitze von fünf Häschern.

Ausserdem befinden sich in der Kirche noch acht gemalte Bilder aus der Passions- und Auferstehungsgeschichte Jesu, und zwar an der nördlichen Wand der Palmeneinzug, das Abendmahl, die Kreuztragung und die Kreuzigung; an der südlichen Wand die Krönung, die Auferstehung, die Himmelfahrt und die

---

[1] Ein Altar der heil. Maria war in der Kirche 1530 vorhanden, wo Johann Kersten „ad vicariam Mariae Virg. in ecclesia Bonifacii in majori Sommerde" eingesetzt wurde. Vergl. v. Hagke S. 209.

[2] Mönchs- oder Königsgestalten. G. S.

Offenbarung des Herrn. Diese stark übermalten Bilder zeigen etwas ungeschickte Formen und scheinen dem Anfang des 15. Jahrhunderts anzugehören.

Vor dem Altar liegt der grosse Grabstein des Mittwochs nach Judica 1440 gestorbenen Pfarrers Heinrich Kimstedt, mit der Minuskelinschrift:

Anno . dm . m . cccc . xxxx° . obiit . honorabilis . das heinricus . kimfet | plebanus . hui⁹ . ecclesie . qr ta . p⁰ judica 9 ais requiescat . i . pace . amc .

Auf dem Thurme hängen vier Glocken von 1,40 1,13 0,93 und 0,56ᵐ Durchmesser. Die grosse Glocke ist noch mittelalterlich; sie hat die Inschrift in Minuskeln:

+ anno . dm . cccc . lxvq | in . honore . beate . marie . virginis . sancti . bonifacii . fit . lans . des .

Hinter der Jahreszahl 1467 ist die Zeile durch ein Schildchen (Fig. 28) unterbrochen mit der Namenschiffer des Giessers, wahrscheinlich einem F. Die dritte und vierte Glocke rühren beide aus dem Jahre 1620 her; auf der dritten steht:

DURCHS FEIR BIN ICH GEFLOSSEN GOTT ZU EHR UND BREJS HAT MICH HERMAN ZIMMERMANN GOSSEN 1620.

und auf der vierten nur der Name des Giessers Melchior Möringk zu Erfurt nebst der Jahreszahl. Die zweite Glocke ist die jüngste des Geläutes und datirt von 1804: sie ist von Sorber und Lange in Erfurt gegossen und hat eine dreizeilige Inschrift in grossen lateinischen Currentbuchstaben.

Fig. 29 zeigt die an einem südlichen Strebepfeiler des Altarhauses befindliche, zierlich gearbeitete Sonnenuhr vom Jahre 1502. Von den beiden in den oberen

Fig. 28.

Fig. 29.

Ecken angebrachten Wappenschildchen ist das eine beschädigt, und das andere enthält das Zeichen des Steinmetzmeisters.

2. Die Petrikirche

bietet in ihrer etwas dörfischen Bauart nichts bemerkenswerthes dar. Der Thurm ist ähnlich gestaltet, wie der an der Bonifaciuskirche. — Ueber die Petrikirche bringt v. Hagke S. 197 folgende Nachrichten: „Die Kirche ist im Jahre 1407 neu

Sömmerda. 45

erbaut worden, doch scheint dieser Bau nicht sehr dauerhaft gewesen zu sein, da im Jahre 1683 diese Kirche bis auf den Grund abgebrochen werden musste. Mit vieler Anstrengung gelang es, den Bau bis zum Jahre 1703 zu vollenden. Der schon früher baufällige Thurm wurde am 3. Juni 1617, in Hoffnung einer baldigen Wiederaufrichtung abgebrochen, und es wurden die Glocken inzwischen auf dem Kirchhofe aufgehängt, allein der eintretende 30jährige Krieg und die auf denselben folgende Zerrüttung aller Verhältnisse verzögerte den Aufbau bis zum Jahre 1716."

Auf dem Thurme befinden sich drei Glocken von 1,01, 0,90 und 0,65 " Durchmesser; die grosse ist 1750 von N. J. Sorber, die mittlere 1621 von Melchior Möringk und die kleine 1600 von Heinrich Rausch in Erfurt gegossen. Auf letzterer ist der heil. Petrus abgebildet und mit den Initialen S. P. bezeichnet.

Der Kirchhof ist mit einer Mauer umgeben, in welcher sich ein Portal und eine Pforte befindet. Zur linken Seite des Thores sieht man die in Fig. 30 abgebildeten Zeichen und Inschriften. Der erste Stein enthält nur ein Passionskreuz.

Fig. 30.

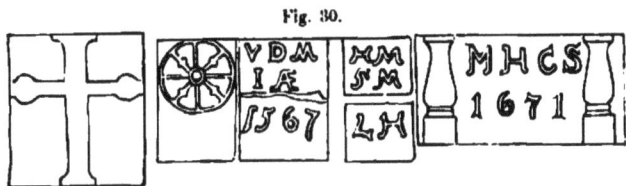

Die mittlere Abtheilung zeigt links das Erfurter Rad, rechts drei Paar Buchstaben vermuthlich die Initialen von Personennamen, die nicht zu bestimmen sind, und dazwischen unter den Siglen V(erbum) D(omini) M(anet) I/n) Æ/ternum) die Jahreszahl 1567. Der Stein zur Rechten enthält zwischen zwei Docken die nicht mit Bestimmtheit zu deutenden Initialen M H C S (? M. H. Consul Somerd.) und die Jahreszahl 1671.

Mehr als die Kirchen gereicht das stattliche Rathhaus (Fig. 31) zum Schmucke der Stadt. Es steht in der Nähe der Hauptkirche auf einem freien Platze und ist über einem hohen Souterrain in zwei Etagen erbaut. Das steile sattelförmige Schieferdach trägt zwei symmetrische Dachreiter. Am nördlichen Ende der östlichen Front, die mit den oben S. 39 beschriebenen, in Stein gehauenen sechs Wappen geschmückt ist, befindet sich ein kleiner Vorbau, welcher in jeder Etage ein Zimmer und zu ebener Erde den Eingang zu dem ehemaligen Rathskeller enthält. Die Thür, welche durch die Auffüllung des Platzes etwas hinuntergerückt erscheint, ist reich profilirt und im Halbkreis überwölbt. Unten zu beiden Seiten sind zwei geräumige Nischen eingetieft, die nach der in der Renaissance beliebten Weise auf Consolsteinen zwei Sitzplätze darbieten. Oben sind die Sitznischen mit baldachinartigen Kämpfern gedeckt, welche aus fünf freien Seiten eines Achtecks gebildet, unten eine horizontale Fläche darbieten; nach oben aber haben dem Gewölbesteine entsprechend die lothrechten Flächen eine verschiedene Höhe. Diese kleinen Flächen sind, wie die Abwickelung Fig. 32 u. 33 veranschaulicht, arkaturen-

artig umsäumt und in den Blenden en relief geschmückt. Der Deckstein zur
Rechten zeigt im Mittelfelde einen behaubten Frauenkopf und in den vier Seiten-

Fig. 31

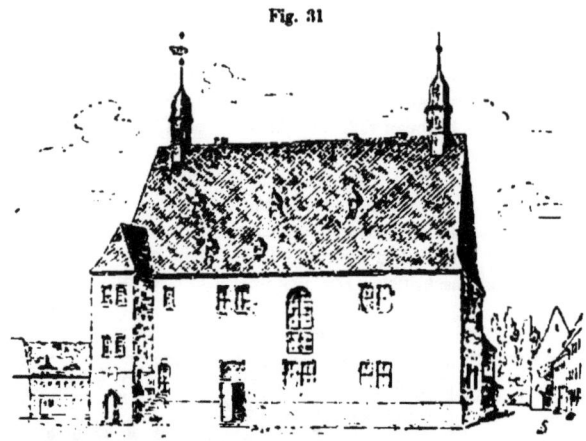

feldern die decorativ behandelte Jahreszahl A*(nno)* D*(omini)* M D 33 (1533). Der
linke Deckstein zeigt correspondirend in der Mitte ein männliches Gesicht, und
in den Seitenfeldern rechts von demselben einen Schild mit dem Stadtwappen (wo
indess abweichend von den Siegeln das Rad über dem Adlerschilde erscheint) und

Fig. 32.

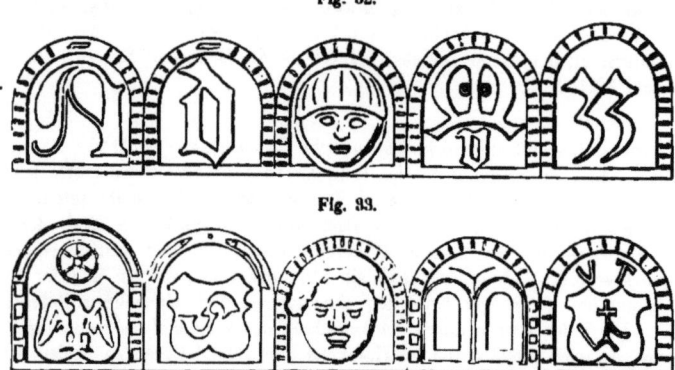

Fig. 33.

daneben einen anderen mit dem Buchstaben S (? Sommerda). Das Feld zur
Linken neben dem Kopfe ist mit zwei Fensterchen ausgefüllt, und das innerste
daneben enthält in einem Wappenschilde das Steinmetzzeichen des unbekannten
Meisters mit den Anfangsbuchstaben (VT) seines Vor- und Zunamens darüber.

Gewissermaassen im Versteck, an der schwer zu besichtigenden achtseitigen Unterfläche (Fig. 34. und 35) der beiden Decksteine über den Sitzen hat der Meister

Fig. 34.

Fig. 35.

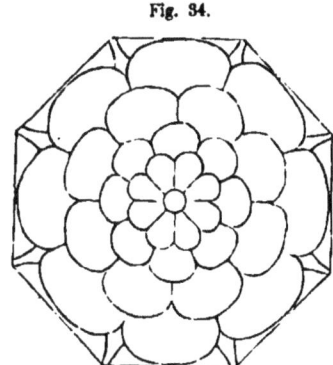

seinem Humor Spielraum gelassen. Der Stein zur Linken des Eintretenden zeigt eine reich entwickelte Rose, das Sinnbild der Verschwiegenheit, als Zusicherung dass man hier (wie bekanntlich auch im Bremer Rathskeller) „*sub rosa*" ganz im Stillen poculiren könne; allein der Verräther schläft und schlummert nicht: die Frau ist hinter die Schliche ihres Ehegesponses gekommen; sio ist, wie der Deckstein gegenüber die jocose Scene veranschaulicht, voll Zorn spornstreichs im Hauskleide ins Wirthshaus gelaufen und treibt, mit einem handlichen Knüttel bewaffnet, den Gatten vom Zechtische: der arme Tropf schickt sich an zur Heimkehr, nimmt aber vorsichtig und zu seinem Schutz vor dem Schlag der Megäre Krug und Kanne mit.

Fig. 36.

Nach v. Hagke S. 196 war der Rathhausbau im Jahre 1529 begonnen und mit einem Kostenaufwande von 1597 Gulden 12 Groschen 10 Pfennigen im Jahre 1539 vollendet worden; letzteres wird auch durch den Fig. 36 abgebildeten Inschriftstein auf der Westseite des Gebäudes bestätigt. Etwa derselben Zeit wird der auf dem Markte befindliche schmucklose Brunnen angehören.[1]

---

[1] Die beiden benachbarten Städte Sömmerda und Welssensee haben sich gegenseitig oft mit Spottnamen aufgezogen; die Sömmerdaer nämlich sollen sich der Frösche als wohlschmeckende

Straussfurt.

Kirchdorf mit einem Rittergute, 7 Km. südwestlich von Weissensee beim Einflusse des Oede- und Schambaches in die Unstrut, im 10. Jahrhundert Stuchesfurt, im 12. Stuchesfurten, im 13. Stusforden, im 14. Stusfurt, Strussfort, im 15. Stusfurt, Straussfurt, Stasfurt, im 16. Stusfurt, Stausfurt, Strusfurt, Straussfort, Straussfurt, seitdem Strnussfurt, Strausfurt geschrieben. Im 10. Jahrhundert erwarben die Klöster Hersfeld und Fulda Besitzungen in Stuchesfurt (Stufesfurt), seit 1109 trat Kloster Reinhardsbrunn in Beziehungen zu diesem Orte, die Jahrhunderte hindurch fortdauerten und sich wenigstens in dem Namen der „Reinhardsbrunner Zinsen" bis in die neueste Zeit erhalten haben, und später erwarben auch andere Klöster (das Petri- und Marienstift in Erfurt, Oldisleben, Himmelsgarten, Walkenried, die Hospitalbrüder in Weissensee) Besitzungen und Rechte daselbst. Als Lehnsherren dieser geistlichen Besitzer und als die eigentlichen Herren des Ortes erscheinen seit dem 13. Jahrhundert die Adelsgeschlechter der Dynasten von Salza, von Tanrode und von Stussforte (Strussforte), welche sämmtlich in Stammverwandtschaft gestanden zu haben scheinen. Ausser diesen kommen noch mehrere adelige Besitzer der verschiedenen in Straussfurt befindlichen Freigüter vor, Schloss und Dorf aber ging 1413 von den von Tanrode an Friedrich von Hopfgarten über, von diesem auf Heinrich von Toteleiben, von den Gebrüdern von Toteleben 1451 auf Hans von Schlatheim und von den von Schlatheim noch im 15. Jahrhundert an die von Görmar, welche bis 1584 (oder 1585) im Besitze blieben. Nach dem damals erfolgten Tode des Julius v. Görmar wurde das Lehn apert und vom Herzoge August zu Sachsen anderweitig ausgethan. Im Jahre 1652 wurde Ernst Friedemann von Solmnitz damit beliehen, der die 5 in Straussfurt vorhandenen Güter in seiner Hand vereinigte und seinem einzigen Sohne hinterliess. Als dieser 1689 kinderlos gestorben war, erwarb seine Mutter das Gesammtgut und überliess es 1706 ihrem Schwiegersohne Heino von Münchhausen, in dessen Familie es bis heute verblieben ist.

Von der Kirche findet sich die erste Spur im Jahre 1294, wo der Pfarrer Albert zu Stussfirte als Zeuge in einem Kaufbriefe vorkommt. Ob die, 1324 von Heinrich Geitz von Beichlingen errichtete und von seinen Nachkommen dem Kloster Walkenried übereignete, nicht mehr nachweisbare Marienkapelle mit der unter gutsherrlichem Patronate stehenden, dem heil. Petrus gewidmeten Pfarrkirche verbunden gewesen sein mag oder nicht, lässt sich nicht bestimmen. Das jetzt vorhandene Gotteshaus ist der 1616—1620 erfolgte Umbau eines älteren Gebäudes, welches nach der äusserlich am Altarraume befindlichen unvollständigen Inschrift (Fig. 37)

Fig. 37.

ANNO · DOM|INI · M · CCCCC·R' | ⛨ DISSER°KOR'

vom Jahre 1504 herrührte, aber in einer Beschwerde der Gemeinde 1605 als bau-

---

Speise bedient haben, wofür die Weissenseer sie „Störche" nannten; dagegen verspotteten die Sömmerdaer die Weissenseer mit ihren beiden Seen, auf die sie sich viel einbildeten, obschon sie im Laufe der Zeiten zu Pfützen eingeschrumpft waren, und nannten sie daher „Pfützenhüter." G. S.

fällig bezeichnet wurde. In der erwähnten Inschrift ist hinter der Jahreszahl ein Schild mit einem Steinmetzzeichen ⟁ angebracht, welches auch an der Gross-Ballhäuser Kirche sich vorfindet; s. oben S. 5 Fig. 1 d.

In der Kirche steht ein Taufstein von 1597 mit dem Spruche: Lasset die Kindlein zu mir u. s. w.

Aussen an der Südwand der Kirche befinden sich mehrere, zum Theil stark verwitterte Leichensteine der Familie von Görmar, unter denen sich durch Alter und Grösse (1,6 m breit 1,8 m hoch) ein Epitaphium auszeichnet, welches, oben mit der Jahreszahl .] . 8 . 8 . 8 . und dem Kreuzestitulus . I . R . I . I . bezeichnet, die Messe Gregors darstellt, die in üblicher Weise von den sogenannten Waffen Christi (den Passionsinstrumenten) begleitet ist. Unten knieen die Stifter, den beiden Wappen zufolge ein Herr von Görmar und seine Frau, eine geb. von Endenberg, mit ihren 14 Kindern, Söhnen und Töchtern. Unterhalb der ganzen Steintafel, die trotz der sorgfältigen Steinmetzarbeit mit den vielen Einzelheiten keinen künstlerischen Werth beanspruchen kann, befindet sich eine schwer leserliche Schrift, die nach v. Hagke S. 655 lautet: „Wer diese Figur knieend ehret mit 4 Vaterunser und 4 Ave Maria und mit dem anderen gebetlein herunter hangend, der hat verdient 42 tausend Jahr ablass vom pabst Sixto IV."[1] — Die übrigen Epitaphien sind theilweise durch Weinstöcke verdeckt; v. Hagke führt a. a. O. die Jahreszahlen 1504 und 1610 an.

Auf dem Thurme sind drei Glocken von 1,20, 0,97 und 0,71 m Durchmesser. Die grosse ist von Joh. Christoph Geyer in Erfurt 1661 gegossen, der Inschrift zufolge an Stelle einer älteren aus dem Jahre 1461. Auf der zweiten Glocke steht oben herum in Minuskeln:

 o rex glorie veni nobis cum pace. Maria . verbum caro factu est. Anno dm m° cccc° lxxix

Die kleine Glocke ist 1797 von Sorber in Erfurt gegossen.

Das Kirchensiegel enthält das Bild des heil. Petrus.

Das Schloss des Rittergutes ist stark modernisirt; von Thürmen flankirt, war es früher mit einem vollständigen Wassergraben umgeben.

(Nieder)-Topfstedt.

Kirchdorf mit einem Rittergute, 8 Km. westnordwestlich von Weissensee, in älteren Urkunden Tophstete, Tophestete ohne nähere Bezeichnung, und erst seit 1333 als Nidern-Tophstet von dem nur 1 Km. entfernten Ober-Topfstedt bestimmt unterschieden. Seit 1089 hatte das Kloster Reinhardsbrunn infolge einer Schenkung bedeutende Begüterung in Tophstete, die es bis etwa zur Mitte des 14. Jahrhunderts durch Vermächtnisse und Ankäufe in Nidern-Topfstedt noch vermehrte; nachdem aber bereits 1358 ein Theil derselben an einige Bürger in Greussen veräussert war, behielt das Kloster den verminderten Besitz, bis Abt Wilhelm 1521 Vorwerk

---

[1] Aus dem reichen päpstlichen Ablass Sixtus IV. (1471—1484) erklärt sich die damalige grosse Beliebtheit der „Messe Gregor's", welche in Kirchenbildern und in zahllosen Bilddrucken bis ins 16. Jahrhundert ungemein verbreitet war. H. O.

und Gut an ein bürgerliches Ehepaar in derselben Stadt erblich überliess. Das Dorf selbst, obgleich ausser den von Topfstedt noch andere Adelsgeschlechter Güter daselbst besassen, war landesherrlich, bis es 1425 durch Verpfändung und später durch förmlichen Verkauf an die Familie von Kutzleben überging, bei welcher es bis 1695 verblieb, um zur Hälfte an Moritz Marschall von Biberstein zu fallen, nachdem die erste Hälfte schon 1634 an Moritz von Brühl verkauft war. Die verschiedenen Güter wurden endlich gegen Ende des 18. Jahrhunderts von Ernst Ludwig von Schlotheim zusammengekauft, bald darauf aber an die noch jetzt im Besitze befindliche Familie Nobbe veräussert, auf deren Wunsch dieses Rittergut 1857 in ein Majorat verwandelt worden ist.

Bereits zur ersten Begüterung des Klosters Reinhardsbrunn in dem Orte im Jahre 1089 gehörte auch die dort vorhandene Kapelle, und in einer päpstlichen Erneuerung der Privilegien dieses Klosters vom Jahre 1215 wird unter den Besitzungen desselben ein Antheil an der Kirche in Tophstete genannt. Die Kirche ist dem heil. Pancratius geweiht und war bereits im 17. Jahrhundert gutsherrlichen Patronats. Das jetzt vorhandene Gebäude rührt zwar erst von einem Neubau des Jahres 1796 her, aber es ist am Thurme noch ein vermauerter Rundbogen eines früheren romanischen Baues zu bemerken.

Die beiden Glocken haben 0,96 und 0,71 " Durchmesser; die grosse vom Jahre 1499 hat folgende Minuskelumschrift:

Ofenus hris ich cert kerfux ges mich S. banggracius
eans die m cccc xcix.

Die kleine ist 1836 von Mich. J. Carl Lange in Erfurt gegossen.

(Ober-) Topfstedt.

Kirchdorf mit einem Rittergute, 9 Km. westnordwestlich von Weissensee. Vergl. Nieder-Topfstedt. Es kommt mit seiner speciellen Bezeichnung als Obertoppstete zuerst in einer Urkunde von 1356 neben Nedir-Tophstete vor und wird im Volksmunde, wohl mehr scherzweise wegen seiner sumpfigen Strassen, Drickestedt (= Dreckstedt) genannt.[1] Im 14. und 15. Jahrhundert war eine Familie von Mutstedt hier angesessen, und nach deren Aussterben wurde 1497 von Herzog Georg von Sachsen Weikhart Wildschitz mit etlichen Lehen, Zinsen und Gütern in Obert-Topfstedt beliehen, dessen Nachkommen bis 1531 im Besitze blieben, der nun zunächst an Melchior von Kutzleben überging. Es waren aber ausserdem noch andere Freigüter in dem Dorfe vorhanden, die zum Theil Gräflich Schwarzburgisches Lehn waren und in verschiedene Hände kamen. Darunter befand sich auch der später sogenannte „Edelhof," aus welchem nebst einem im Jahre 1828 hinzugekauften Domainen-Vorwerk im wesentlichen das jetzige Rittergut besteht. Das genannte Vorwerk war bis 1747 dem Johanniter-Ordenshofe in Weissensee zuständig gewesen, und auch das Peterskloster zu Erfurt und das Kloster Homburg hatten im Mittelalter Beziehungen (anscheinend nicht zu Nieder-, sondern

---

[1] Die Beziehung dieser volkemässigen Bezeichnung auf ein in einer Urkunde K. Otto's II von 973 vorkommendes, sonst nicht nachweisbares thüringisches „Drikkestedi" ist blosse Vermuthung. Vergl. v. Hagke S. 503 f.

zu Ober-Topfstedt. Nach einem Zeugniss aus dem Jahre 1687 stand das Patronatsrecht früher dem Kloster Ihlefeld zu, war dann landesherrlich und ging 1747 auf die Besitzer des Rittergutes über.

Die Kirche, welche früher eigene Pfarrer hatte, ist seit 1821 Filial von Nieder-Topfstedt. An Stelle des wegen Baufälligkeit abgebrochenen alten Gebäudes ist 1844 die jetzige Kirche neu erbaut worden; man bemerkt aber unten an dem auf der Westseite stehenden Thurme noch zwei alte romanische Bögen.

Auf der kleinsten der vorhandenen drei Glocken von 0,81, 0,65 und 0,55 " Durchmesser steht: „Wir 3 Glocken sind gegossen unter unserem geliebten Pfarrer J. E. Specht von G. C. Sorber und G. H. Lange in Erfurt 1799."

Tunzenhausen.

Kirchdorf mit zwei Rittergütern, 5 Km. südlich von Weissensee am rechten Ufer der Schmalen Unstrut belegen, 1143 Tunztenhusen, 1320 Tunczenhusen 1380 Thutzehus, 1404 Thunzcinhus, später Tuntzenhusen, Tuntzenhausen geschrieben. Der Ort findet sich 1143 unter den Besitzungen des Petersklosters zu Erfurt erwähnt. Lehnsherren desselben waren unter Oberlehnsherrschaft der Thüringer Landgrafen die Grafen von Beichlingen. Eine Familie de Duncenhusen kommt urkundlich zuerst 1231 vor; später als diese waren im 14. Jahrhundert die von Slatheim, von Gruzen, von Cranchborn und von Bruchtirde in Tunzenhausen sesshaft. An die Familie von Worm (Wurmb) gelangte es 1355 und blieb bis in den Anfang des 16. Jahrhunderts bei derselben. Ein zweites ebenfalls mit Gerichtsbarkeit über das Dorf verbundenes Gut daselbst besassen im 15. Jahrhundert die von Görmar, und 1555 waren beide, später wieder getrennte Güter in der Hand des Hermann von Pack vereinigt.

Die Kirche wird zuerst im Jahre 1328 erwähnt, wo Heinemann v. Slatheim sein Recht am Patronate an das Marienstift zu Erfurt abtrat; 1338 wurde sie von Erzb. Heinrich von Mainz der Cantorei des Stiftes einverleibt, an welches im folgenden Jahre auch Graf Friedrich von Beichlingen seine Rechte an dem Patronate überliess. Im Jahre 1378 stiftete Hermann Wurm in Verbindung mit Anderen eine tägliche Messe in der Kapelle S. Albani in Tunzenhusen. Diese Kapelle wurde bei der ersten evangelischen Kirchenvisitation 1540 unter Ueberweisung der Einkünfte an die Pfarre aufgehoben. Die Kirche wurde bei einem Brande im Jahre 1725, der fast den ganzen Ort in Asche legte, ein Raub der Flammen, und der Wiederaufbau konnte erst 1727 in Angriff genommen werden.

Die drei vorhandenen Glocken sind bez. 1769, 1770 und 1846 von Ulrich in Apolda gegossen, dem Vernehmen nach aber zum Umgusse bestimmt.

Das ältere Kirchensiegel zeigte eine Tonne und ein Haus als redendes Bild.

Nördlich vom Dorfe, auf den Höhen jenseits der Schmalen Unstrut finden sich die Spuren eines Wallgrabens, der (wegen der hier zu Tage tretenden Gypsfelsen) so genannten „Weissenburg," wo der örtlichen Ueberlieferung zufolge die Befestigungen gewesen sein sollen, die Kaiser Otto IV. bei der fruchtlosen Belagerung von Weissensee nach den Reinhardsbr. Annalen („*in monte Wiczenburg propugnacula erigens*") im Jahre 1212 errichtete. Bei neueren Nachgrabungen an dieser Stelle hat man Kohlen gefunden.

Vehra.

Kirchdorf, 8 Km. südwestlich von Weissensee am rechten Ufer der Unstrut, verdankt seinen Ursprung und Namen einer Fähre über diesen Fluss, die hier bis zur Erbauung einer Brücke im Jahre 1830 mindestens seit dem Anfange des 13. Jahrhunderts, wahrscheinlich aber schon viel früher bestanden hat. Urkundlich erscheint Vere zuerst im Jahre 1208 als eine Besitzung des Klosters Pforta, welche es einem Vermächtnisse des Naumburger Domherrn Gerlach von Heldrungen und seines Bruders Hermann zu verdanken hatte. Das Kloster unterhielt hier eine Grangie und vergrösserte diese Besitzung 1221 durch Ankauf von Aeckern, die bisher der Abtei Hersfeld gehört hatten. Ein Dorf scheint bei diesem Vorwerke erst entstanden zu sein, nachdem die Klosterherren 1422 von dem Landgrafen Friedrich die Ermächtigung erhalten hatten, „zu Vehre ein Dorf zu machen." Nach der Aufhebung des Klosters kam das Gut 1572 an die Familie von Selmnitz und seit 1689 durch Vererbung an die von Stammer, die es bis 1713 besassen.

Dass an der Fährstelle seit alters eine Kapelle gestanden habe, ist zwar nicht erwiesen, aber immerhin wahrscheinlich. Urkundlich wird eine Kapelle zu Vehra erst 1504 erwähnt, wo der Pfarrer zu Werningshausen wöchentlich eine Messe in derselben zu lesen übernahm. Die Kirche bei dem Gute wurde erst 1623 1624 von Ernst Friedemann von Selmnitz erbaut und ist Filial von Henschleben. Es befindet sich über dem Eingange zum herrschaftlichen Kirchstuhle nach v. Hagke S. 693 „in Stein gehauen eine Anbetung Christi mit der Inschrift:

1573 den 10. März ist Hans Philipp von Selmnitz auf Schönstedt geboren und anno 1608 im Januar gestorben und zu Schönstedt[1] beigesetzt, seines Alters 34 Jahr und etliche Monate."

Dieses Kenotaphium ist ersichtlich erst längere Zeit nach dem Tode des Verstorbenen errichtet, und ähnlich mag es sich mit einigen anderen Denktafeln derselben Familie verhalten, die sich in der Kirche befinden und aus in Stein gehauenen Wappen dieses Geschlechtes bestehen, deren eines mit den bei v. Hagke S. 692 namentlich bezeichneten 16 Ahnenwappen umgeben ist. Die Inschriften lauten:

1. Der hochedelgeborene, gestrenge und veste
Herr Ernst Dietrich von Selmnitz auf Straußfurth, Vera,
Steinburgk und Krannichborn ist geboren zu Straußfurth den 9. Martii
anno 1651, in Got selig entschlafen auf der academia zu
Wittenberg, den 25. Martii 1672.

2. Der hochedelgeborene gestrenge Herr George Rudolph
von Selmnitz uf Straußfurth, Steinburgk und Krannichtorn ward geboren
zu Straußfurt den 21. April anno 1653, starb in herr selig
daselbst am 3. April 1673.

Auf dem Thurme hängen zwei Glocken von 1,00 und 0,82 m Durchmesser. Die grössere ist 1836 v. J. Georg und O. Gottfr. Ulrich in Laucha gegossen, die kleine hat nach v. Hagke S. 692 die Inschrift:

---

[1] Die Kirche oder Kapelle daselbst soll erst 1851 abgetragen worden sein. Vergl. von Hagke S. 607.

Gott es gefalle dir der Schall zu aller Zeit,
Den ich hier von mir gebe, zur Kirche, Freud und Leid.

Sub praefectura Georgii Ludovici Christiani Eichhorn et pastoratu
Sebastiani Brauni goß mich Hans Heinrich Rausch in Erfurt 1695.
Sophia Maria von Stammer, Eleonora Elisabetha von Binau, Catharina Sophia von Münchhausen, allerseits geborene von Selmnitz.

Waltersdorf.

Kirchdorf, 4,5 Km. nordöstlich von Weissensee, 1415 Waltermannsdorff, 1466 Waltramsdorff, 1479 Waltmannstorff, 1525 Waltermanns Dorfl, seit 1568 Walthersdorf geschrieben, ist in Urkunden nicht vor dem 15. Jahrhundert nachgewiesen und stand zur Commende Griefstedt in denselben Verhältnissen wie Riethgen und Scherndorf (s. d. oben S. 34 f). Ein Pfarrer daselbst wird 1540 erwähnt. Die dem h. Andreas geweihte Kirche wurde wegen Baufälligkeit 1711 durch einen Neubau ersetzt und St. Salvator genannt. Ein Glockenhaus war 1595 erbaut worden. Von den vorhandenen drei Glocken hat die grösste 1,00™, die kleinste 0,66™ D., und beide sind 1788 von den Gebr. Ulrich in Apolda gegossen. Die mittlere von 0,79™ D. ist 1763 ebenda von J. Georg Ulrich gegossen. Die grosse Glocke soll (s. v. Hagke S. 700) aus einer im Jahre 1785 gesprungenen mit der Jahreszahl 1308 umgegossen sein.

Von Hagke erwähnt a. a. O. zwei auf dem Kirchhofe stehende sehr alte Eichen, mit denen der im Kirchen- und im Gemeindesiegel dargestellte Baum in Beziehung gebracht wird.

Weissensee.

Kreisstadt von gegen 3000 Einwohnern, im 13. Jahrhundert Wyssense, Wizzense, Wizense, Wizinse, Wissinse, Wisense, im 14. Wizzense, Wizense, Weyseze, Wyseze, Wissense, Wyzzenshe, Wissinse, im 15. Wissinse, Wiszinse, Wizzinse, Wissinsehe, Wissinsee, Weissense, Weissensehe, im 16. Weisensee, Wissinse, Weissensehe, im 17. und 18. Jahrhundert Weissensehe geschrieben.

Allgemeines. — Die Stadt liegt auf einem sich nur unbedeutend über das Thal erhebenden, isolirten langgestreckten Gypsberge und verdankt ihren Namen ohne Zweifel dem See, welcher, wohl wegen seines weissen Gypsuntergrundes „lacus albus" genannt, erst seit 1705 nach und nach trocken gelegt und in etwa 1500 Morgen Aecker und Wiesen umgewandelt worden ist. Dieser See bestand aus zwei Becken, dem grösseren, westlich an der Stadt und am Schlosse belegenen Obersee, und dem kleineren südöstlich derselben, etwas entfernter belegenen Nieder- oder Untersee; er umgab also die zwischen beiden gelegene Stadt auf zwei Seiten. Die erste Ansiedelung war vermuthlich ein Fischerdorf auf der Südseite des Berges zwischen beiden Theilen des Sees, am Ufer des Obersees. Der Ursprung des Ortes ist unbekannt; als dessen Besitzer erscheinen um das Jahr 1169 die Grafen von Beichlingen. Die Reinhardsbrunner Annalen [1] erzählen, dass um diese Zeit, als Ludwig der Eiserne am kaiserlichen Hofe weilte, seine Gemahlin

[1] Ann. Reinh., herausgegeb. von Wegele S. 25 f.; vergl. Knochenbauer, Gesch. Thüringens zur Zeit des ersten Landgrafenhauses. S. 174.

Jutta (eine Halbschwester des Kaisers Friedrich I.) den Bau eines Lustschlosses *(quasi viridarium apud Album lacum castellum)* bei dem Weissen See begonnen habe, das als Zwischenstation *(hospitium)* zwischen der Wartburg und Neuenburg (Freiburg a. d. U.) dienen sollte, unbekümmert um die Einsprache des Grafen Friedrich von Beichlingen, dessen Eigenthumsrechte sich dadurch verletzt fanden. Als dann der Graf sich an den Kaiser mit Klagen wandte, rief dieser wohl den Landgrafen vor sich und untersagte ihm mit Strenge den Bau. Aber der Landgraf, der sich über die Rechtsverletzung seiner Gemahlin erzürnt anstellte und ihr öffentlich ein Verbot des weiteren Baues zukommen liess, wagte es dennoch, im Vertrauen auf die Gunst seines Schwagers, seiner Gemahlin heimlich das Gegentheil anzubefehlen. Der Bau wurde vollendet, und der Eigenthümer von Grund und Boden schliesslich mit Geld abgefunden. Die spätere Ueberlieferung erblickt daher in der Landgräfin Jutta die Gründerin des Weissenseer Schlosses und der im Schutze desselben rasch angewachsenen Stadt, während das frühere Dorf als Klein-Weissensee noch im 14. Jahrhundert fortbestand. — Ueber die Schicksale Weissensee's bei dem hier am 14. Mai 1180 errungenen Siege Heinrich des Löwen über Landgraf Ludwig den Frommen (Heft IV. S. 35) verlautet nichts. In einer Urkunde von 1198 (v. Hagke S. 49) kommt ein Helmrich als „*magister fori de Weissensehe*" vor, der Ort muss also damals schon ein Marktflecken gewesen sein. — Im Sommer des Jahres 1204 hatte der Gegenkönig Philipp im Kampfe wider den mit seinem Gegner König Otto verbündeten Landgrafen Hermann I. vor Weissensee ein Lager bezogen und belagerte die Burg sechs Wochen lang fruchtlos. Die kleine, aber erlesene Schar der dem Landgrafen treu gebliebenen Grafen und Herren hielt gegen die Uebermacht der Angreifer mit bewundernswerther Ausdauer stand. Aus unterirdischen Gängen machten sie glückliche Ausfälle, tödteten fortwährend viele von Philipps Leuten, vernichteten die Belagerungsmaschinen wiederholt durch Feuer und hielten, bis zum äussersten bedrängt, den Platz so lange, bis der Feind die Belagerung aufgab, um sich gegen den zum Entsatze anrückenden Böhmenkönig Ottokar zu wenden.[1] — Nicht eben viel glücklicheren Erfolg hatte Kaiser Otto, als er nach Philipps Ermordung 1208 zur Alleinherrschaft gelangt, genöthigt war 1211 seinen Siegeszug in Italien rasch abzubrechen und nach Deutschland zur Züchtigung der von ihm abgefallenen Fürsten, zu denen auch der wankelmüthige Hermann gehörte, zurückzukehren. Nach der schnellen Unterwerfung von Gothenburg und Langensalza fand Otto, als er 1212 zur Erntezeit mit 2500 Mann vor Weissensee (s. oben S. 51) ein Lager bezogen hatte, hier unerwarteten Widerstand. Die Belagerung war anfangs nur lässig betrieben worden, und die Stadt Weissensee capitulirte zwar endlich, aber nur unter der Bedingung, dass die Besatzung sich in die wieder hergestellte innere Befestigung (die Burg) zurückziehen durfte und Friedensverhandlungen angeknüpft würden, zu denen jedoch der Landgraf nicht zu bewegen war. Nun schritt Otto zum Sturm, aber der Dreibock, eine gewaltige, damals zuerst angewandte Belagerungsmaschine, schleuderte umsonst Steine von unerhörter Grösse gegen die festen Mauern, die man vergeblich zu untergraben und zu sprengen suchte. Unverrichteter Sache musste Otto abziehen, da er in dem Enkel Barbarossa's einen

---
[1] Vergl. Knochenhauer a. a. O. S. 257 f.

neuen stärkeren Feind zu bekämpfen fand.[1] — Im Jahre 1225 urkundete Landgraf Ludwig der Heilige, und in den Jahren 1240 und 1243 Landgraf Heinrich Raspe in Weissensee (v. Hagke S. 50). Nach des letzteren am 16. Februar 1247 auf der Wartburg erfolgten Tode huldigte die Stadt, da Heinrich Raspe ohne Kinder zu hinterlassen gestorben war, nach friedlicher Uebergabe dem Wettiner Heinrich dem Erlauchten, Markgrafen von Meissen, wurde aber in den damals das unglückliche Thüringen verwüstenden Erbfolgkriege im nächsten Jahre durch den Grafen von Schwarzburg überfallen, geplündert und verbrannt. — Im Jahre 1265 ertheilte Landgraf Albrecht der Unartige den Bürgern dieselben Rechte und Freiheiten, die Eisenach und Gotha besassen, und fügte 1280 noch das Recht hinzu, dass sich die Stadt, welcher er auch später besondere Gunst erwies, alljährlich Bürgermeister und Schöppen wählen durfte, vielleicht zur Belohnung dafür, dass sich die Stadt, welche der Landgraf in seiner beständigen Geldnoth 1273 für 600 Mark Silber an Hessen verpfändet hatte, aus eigenen Mitteln wieder auslöste. Eine abermalige Verpfändung erlitt Weissensee unter Landgraf Friedrich dem Ernsthaften, welcher es aber 1349 um 2000 Schock schmale Groschen von den Grafen von Honstein und von Schwarzburg wieder einlöste und 1351 der Stadt alle ihre Privilegien bestätigte und erweiterte. Die drei Brüder, Friedrich der Strenge, Balthasar und Wilhelm, die nach ihres Vaters Tode 1357 bis 1381 das Regiment gemeinschaftlich führten, hielten sich öfter auf dem Schlosse in Weissensee auf, und als Landgraf Balthasar (1382—1406) zur Alleinherrschaft gelangt war, bewies er sich dadurch als besonderer Wohlthäter der Stadt, dass er derselben 1404 die 5 Dorfwüstungen Fischstedt, Riethheim, Borsdorf, Willerstedt und Ludersborn zum Eigenthum schenkte und dadurch den Grund zu ihrem späteren Wohlstande legte. Balthasar's Sohn und Nachfolger Landgraf Friedrich der Einfältige hatte besondere Vorliebe für Weissensee und hat sich sehr häufig, in den letzten acht Jahren seines Lebens fast dauernd daselbst aufgehalten; er starb auf dem Schlosse am 4. Mai 1440. Da er keine Leibeserben hinterliess, fielen seine Länder an seine Vettern Kurfürst Friedrich den Sanftmüthigen und Herzog Wilhelm, welche sich nach anfänglich gemeinschaftlicher Regierung 1445 in die Länder theilten, wobei Wilhelm Thüringen erhielt. Da aber beide mit der Theilung unzufrieden waren, brach zwischen ihnen der verderbliche Bruderkrieg aus, in welchem Thüringen, und namentlich der Strich zwischen Weissensee und Eckardsberga 1450 auf das entsetzlichste verwüstet wurde. Als Wilhelm 1482 ohne Kinder gestorben war, beerbten ihn seine beiden Brudersöhne Ernst und Albert; sie regierten zuerst gemeinschaftlich, aber 1485 fand unter ihnen die bekannte Theilung statt, nach welcher Ernst Thüringen behielt und von diesem an den jüngeren Bruder Albert, der sich Meissen nahm, noch die Aemter Tennstedt, Langensalza und Weissensee abtrat. Albert's Sohn und Nachfolger, Herzog Georg der Bärtige (1500—1539) versetzte Schloss und Amt Weissensee zeitweise zweimal, 1508 an den Bischof Job von Pomesanien und 1514 an Bischof Adolf v. Anhalt zu Merseburg, und obwohl die Stadt, die deshalb Opfer bringen musste und damals überdies mit Sterbensläuften heimgesucht wurde, in Verfall gerathen war, war sie doch die einzige unter den albertinischen Städten Thüringens, die im Bauernkriege ihrem katholisch gebliebenen Landesherrn nicht

---

[1] Ebd. S. 270 ff.

bloss die Treue bewahrte, sondern auch vor den Münzerschen Schwärmen die Thore verschloss und den Aufrührern tapferen Widerstand leistete. Zum Lohn ihrer Treue befreite der Herzog die Stadt nach Niederwerfung des Aufruhrs durch die Schlacht bei Frankenhausen auf ewige Zeiten von der Hälfte der Steuern und begnadigte sie mit dem Vorrange vor allen anderen thüringischen Städten auf den Landtagen. Nach Georg's Tode führte sein ihm succedirender Bruder Herzog Heinrich der Fromme (1539—1541) sofort nach seinem Regierungsantritte die Kirchenverbesserung wie in allen seinen Landen auch in Weissensee ein, und in den Jahren 1539 und 1540 wurden unter Melanchthon's Leitung Kirchenvisitationen daselbst gehalten. Nach Heinrich's kurzer aber trefflicher Regierung hatte Weissensee in den Kriegen unter seinem Nachfolger Moritz (1541—1553), welcher bekanntlich nach der Schlacht bei Mühlberg die Kurwürde an sich brachte, schwer zu leiden; 1546 wandte der Rath nur durch fussfälliges Bitten bei dem Kurfürsten Johann Friedrich und Zahlung einer bedeutenden Contribution, Plünderung und Brandschatzung von der Stadt ab, und 1547 stieg die Erbitterung der Bürger gegen die spanischen Truppen des Kaisers dermassen, dass sie vielen derselben heimlichen Untergang bereiteten. — Nach Moritzens Tode erhielt seine Gemahlin das Schloss als Witwensitz. Im Jahre 1578 kam Kurfürst August (1553—1585) mit seiner Gemahlin auf einer Reise nach Weissensee und bestätigte der Stadt die ihr von Georg dem Bärtigen verliehenen Privilegien. Am 23. April 1586 leisteten Rath und Bürgerschaft dem neuen Kurf. Christian I. (1585—1591) die Erbhuldigung. In dessen letztem Regierungsjahre brannten am 26. August 1590 über 130 Wohnhäuser in der Stadt ab, weshalb sein Nachfolger Christian II. (1591—1611) den Bürgern 1593 nicht bloss alle Steuern erliess, sondern ihnen auch zum Wiederaufbau ihrer Häuser 500 Gulden schenkte. Auf dieses Brandunglück folgte die Pest, welche vom September 1597 bis October 1598 in Weissensee 763 Menschen hinwegraffte. In die Zeit des von 1611—1656 regierenden Kurfürsten Georg I. fiel der 30jährige Krieg, von dessen Greueln die 1626 abermals von der Pest heimgesuchte Stadt besonders in den Jahren von 1632 bis zum Friedensschlusse unsägliches zu leiden hatte. Die wenigen, zuletzt zurückgebliebenen Bürger — 40 Männer und 50 Witwen — mussten sich selbst vor die Pflüge spannen, um nur etwas Hülsenfrüchte erbauen zu können, nachdem die hessische Reiterei 1645 auch die 9 letzten elenden Ackergäule mit fortgeführt hatte. Nach dem Tode des Kurf. Georg I. fiel in Folge seines Testaments Weissensee mit anderen Gebietstheilen an die herzogliche Linie Sachsen Weissenfels und mit deren Erlöschen 1746 an das Kurhaus zurück. In diesem Zeitraum war die Trockenlegung des Obersees das für die Stadt wichtigste und folgenreichste Unternehmen.

Das Wappen der Stadt zeigt im blauen Felde zwei aufrecht gegen einander gekrümmte silberne Fische und zwischen ihnen in der Mitte einen 6 spitzigen goldenen Stern. Man deutet die Fische auf die beiden die Stadt umgebenden Seen und den Stern auf die Burg. Die ältesten bekannten Darstellungen des Wappens finden sich auf Bracteaten aus der Zeit von 1290 bis 1340 (Fig. 38).[1]

---

[1] Die Stadt hat zwar eigenes Münzrecht niemals besessen, sondern war nur eine landesherrliche Münzstätte, aus welcher Münzen hervorgingen, die zwar alle mit dem Stadtnamen zur Bekundung ihres Ursprunges versehen wurden, mehrere in demselben Sinne auch mit dem Stadt-

Diese mit sehr mannichfachen Stempeln geschlagenen Münzen tragen den Stadtnamen in abgekürzter Form als Umschrift und enthalten im Felde das Wappen

Fig. 38.

in verschiedenen Variationen, statt der beiden Fische zuweilen nur einen, und statt des Sterns in der Mitte zuweilen eine Lilie, ein Maltheser- oder Johanniterkreuz, eine Rose, einen runden Punkt, den Buchstaben W, zuweilen nichts. Auf einigen Siegeln der Stadt aus dem 16. und 17. Jahrhundert (vergl. Fig. 39) erscheint als Hauptbild ein mit belaubten Büffelhörnern geschmückter Helm und unter demselben ein wagerecht gezeichneter Fisch. Der dem landesherrlichen Wappen entlehnte Helmschmuck soll der Stadt infolge ihrer legalen Haltung während des Bauernkrieges verliehen worden sein. In monumentalen Ausführungen des Stadtwappens aus späterer Zeit des 16. Jahrhunderts (s. weiter unten Fig. 40, 44, 46) erscheint jedoch der Schild in der älteren, oben beschriebenen Weise.

Fig. 39.

Topographisches. — Die Stadt zieht sich von dem am Südwestende derselben belegenen Schlossberinge ostwärts auf und an dem Bergrücken entlang und zeigt eine regelmässige Anlage von sich rechtwinkelig durchschneidenden Strassen. Der südwestliche Theil, in welchem sich der „alte Markt" befindet, darf als der älteste angesehen werden. Der eigentliche „Markt" zieht sich in östlicher Richtung vom Schlossthore aus am Bergrücken hin, parallel gehen die Helbe- oder Wassergasse und eine Gasse an der südlichen Grenze, die Langegasse. Querstrassen sind: die (urkundlich 1380 erwähnte) Burgstrasse, die Marktstrasse, die Kirchgasse und einige kleine Gassen. In der Fischergasse sollen die um 1350 von den Geissler-

---

wappen, andere dagegen zeigen statt des letzteren auch zuweilen Köpfe, sitzende Figuren mit verschiedenem Beiwerk, Löwen, ein Rad, eine Lilie. Die vollständigste Auskunft hierüber giebt v. Posern-Klett, Sachsen's Münzstätten im M. A. S. 213 n bst 42 Abbild. solcher Münzen, deren Mehrzahl zu Eisenach, Tambach und bei Waltershausen gefunden worden ist. Die in Fig 38 skizzirten Bracteaten sind aus dem angeführten Werke entnommen. — Vergl. übrigens auch v. Hagke, S. 10 f.

horden aus ihrem zwischen Ottenhausen und Weissensee belegen gewesenen Dorfe vertriebenen Einwohner von Fischstedt angesiedelt worden sein. — Auf dem Markte wurden 1478 viele Linden gepflanzt, welche über 200 Jahre gestanden haben; im Jahre 1860 erfolgte die Bepflanzung des Marktes mit Ahornbäumen.

Ummauert war die Stadt sicher schon zu Anfang des 13. Jahrhunderts und ist noch gegenwärtig ringsum mit Mauern umschlossen, die mit Thürmen versehen sind, welche indessen meist erniedrigt und zu Wohnungen eingerichtet wurden. — Thore sind drei vorhanden, und jetzt offen: das Fischerthor (erwähnt 1394, 1404 als Seethor), das Helbethor (1435 Hewethor) und das Oesterthor. An der Westseite schliesst sich die Stadtmauer an die Schlossringmauer, und ein besonderes Thor führt hier nach dem Schlosse. Der Thurm des Helbethores wurde 1824 abgetragen, der des Fischerthores im Jahre 1839. Fig. 40 zeigt eine in der Mauer bei diesem

Fig. 40.

Thore befindliche Sandsteinplatte mit dem sehr sauber gearbeiteten Stadtwappen und der Jahreszahl 1569. Dass der Stern in der Mitte dieses Wappens siebenspitzig ist, mag auf Zufall oder auf Willkür des Steinmetzen beruhen. Der Thurm des Oesterthores wurde 1840 abgebrochen, nachdem seit 1836 die dortige Vorstadt entstanden war.

Im Jahre 1331 entstand eine grosse Feuersbrunst, durch welche die halbe Stadt eingeäschert wurde, und dieses Unglück wiederholte sich 1354 am 9. September bei heftigem Sturmwinde, so dass wiederum der grösste Theil der Stadt abbrannte. So traurige Ereignisse mögen auf den Gedanken geführt haben, die hoch gelegene Stadt mit fliessendem Wasser zu versorgen, und dies Unternehmen wurde 1368 bis 1373 durch einen erfahrenen Mann Namens König trotz der vorhandenen Schwierigkeiten glücklich zu stande gebracht. Man baute 11 Kilom. nordwestlich von der Stadt oberhalb West-Greussen ein Wehr in der Helbe und zweigte von hier einen Wasserlauf ab, der durch Aufsparung des Gefälles immer höher über der nach Günstedt gehenden Thalsohle gehalten, zuletzt eine Stelle des mit Weissensee parallel streichenden Bergrückens erreicht, von wo er auf einem durch das tiefe nördliche Thal geschütteten Damme, einem Mühlgraben ähnlich, durch die Stadt in den Ober-See abfloss. Während des 30jährigen Krieges 1638 brach das Wehr bei West-Greussen und konnte erst 1654 wieder hergestellt werden.

Da in der Zwischenzeit die beiden in der Stadt befindlichen Wassermühlen trocken gelegt waren, wuchs dadurch die ohnehin schon arge Bedrängniss der armen Einwohner. Im Jahre 1836 wurde das durch die Stadt fliessende Helbewasser canalisirt.

Obgleich nun ein Wasserlauf durch die Stadt ging, sind dennoch in den Jahren 1457, 1474, 1566, 1580 und 1678 grosse Brände verzeichnet. Dessenungeachtet hat sich die Anlage der Plätze und Strassen wegen geringer inneren Entwickelung im Ganzen wenig verändert, und bei Vergleichung mit dem in Merian's Topographie von Obersachsen (herausgegeb. 1650) zu S. 190 enthaltenen Stadtprospecte ist jetzt keine grosse Verschiedenheit wahrzunehmen.[1]

Ausser den beiden noch jetzt existirenden Kirchen S. Nicolai und S. Petri und Pauli in der Stadt waren im Mittelalter noch zwei andere Gotteshäuser vorhanden: die Kapelle S. Jacobi, welche auf der nach ihr noch benannten Anhöhe östlich von der Stadt gestanden hat und im 30jährigen Kriege zerstört worden sein soll, und eine Kirche oder Kapelle S. Annae, die gänzlich verschollen ist. Der Gottesdienst an diesen Kirchen, deren Gründungszeit unbekannt ist, wurde bis zur Reformation von 9 Geistlichen besorgt, die der in Weissensee seit dem 11. Jahrhundert etablirte und dotirte Johanniter-Ordenshof zu unterhalten hatte.

I. Die Nicolaikirche

darf als die älteste angesehen werden, da sie auf dem Alten Markte steht. Sie wurde seit der Reformation nur noch aushilfsweise benutzt, heisst jetzt die Gottesackerkirche und dient als Remise. Der Bauart nach gehört sie der romanischen Frühzeit an, hat jedoch am Schiff, wie die schlanken Spitzbogenfenster beweisen, in der gothischen Periode Veränderungen erfahren. Sie hat jetzt keinen Thurm, aber ein vermauerter Rundbogen von 5,2 ᵐ Weite an ihrem Westgiebel lässt schliessen, dass (in der umstehend in Fig. 41 angedeuteten Weise) ursprünglich ein Thurm vorhanden gewesen sein muss, der in seinem unteren Theile eine Vorhalle der Kirche bildete. Innerlich sind die Bogenkämpfer steile Schmiegen, und äusserlich sind die Giebelansätze durch Hohlkehlensteine markirt. Die Absis war über dem Halbkuppelgewölbe voll zugemauert und mit Steinplatten kegelartig abgedeckt. An den gothischen Theilen des Schiffes findet sich das Steinmetzzeichen: — Das Schiff ist 10,5 ᵐ lang und 14,2 ᵐ breit, das Presbyterium 9 ᵐ lang und 11,2 ᵐ breit, und der Durchmesser der Absis beträgt 6,8 ᵐ, die Länge der ganzen Kirche also 23,9 ᵐ.

In der Kirche befindet sich noch ein grosses Sakramentshäuschen spätgothischen Stils, etwa aus der Zeit um 1500, welches vom Fussboden der Kirche bis zur Decke reicht. Es hat einen verzierten Fuss, dessen Gesimse sich überschneiden; der unten mit einem frei hängenden Spitzbogenfries versehene Schrein ist von zwei Figuren (einem Engel und dem heil. Nicolaus) flankirt und mit einem Baldachin gekrönt. Die Arbeit ist stilgerecht und in grossen Formen angelegt.[2]

---

[1] Bei Merian sieht man noch den später entwässerten Obersee, das Schlossthor mit seinen Thurmen, sowie das östliche und nordwestliche Thor.

[2] Bei der grossen Seltenheit freistehender Sacramentshäuser in Thüringen und Sachsen wäre die Translocirung dieses schönen Architekturstückes, etwa an eine geeignete Stelle der restaurationsbedürftigen Hauptkirche, dringendst zu wünschen; denn an seiner jetzigen Stelle unter Brettern, Bohlen und anderen Nutzhölzern könnte es leicht einmal „im Wege stehen."

Ausserdem hat sich noch der obere Theil eines Taufsteines aus der Uebergangsperiode erhalten; vergl. Fig. 42. Die achteckige Pocalform von grossem

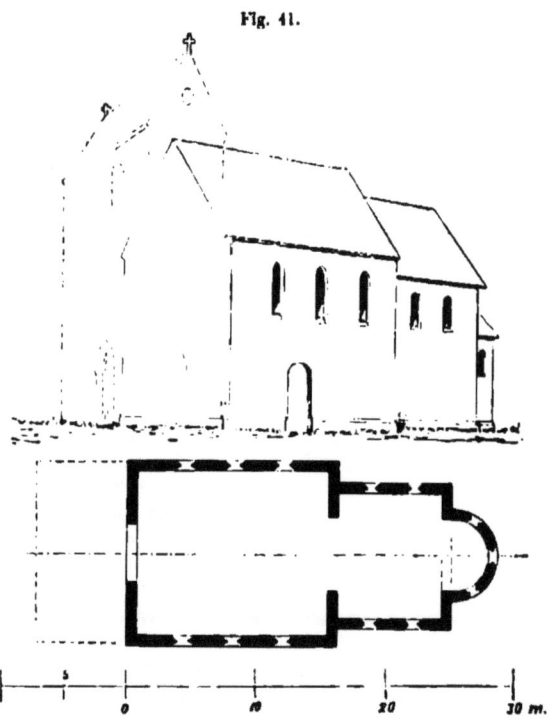

Fig. 41.

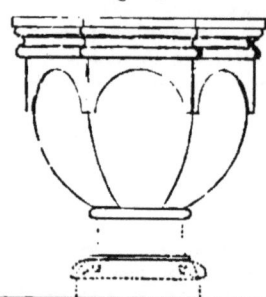

Fig. 42.

Durchmesser entspricht schon der Gothik, aber das Hauptgesims ist nach dem Profile der umgekehrten attischen Basis gegliedert, also noch romanisch, und der im romanischen Stil beliebte Bogenfries ist aus 8 grossen Rundbögen gebildet, so dass auf jede Seite des Achtecks ein Bogen kommt.

Der sehr geräumige Kirchenplatz (alte Gottesacker) ist von einer Mauer mit einem spätgothischen Thore umgeben.

II. **Die Petri-Paulikirche**
auf dem Markte ist die Pfarrkirche der Stadt und wird zuerst in einem Sühnebriefe von 1301 erwähnt, in welchem ein „Theodoricus," welcher die „*ecclesia S. Petri in Wissinse*" durch Blutvergiessen freventlich entweiht hatte, sich verpflichtet, derselben und der (Archidiaconats-)Kirche in

Jechaburg jährlich drei Pfund Wachs zu geben (v. Hagke S. 54). Damals aber war die Kirche sicher längst vorhanden, da sich noch gegenwärtig an dem Westgiebel derselben Mauer- und Gesimstheile, ein Rundfenster und zwei eingemauerte Rosetten aus Sandstein vorfinden, die schliessen lassen, dass das ursprüngliche Schiff eine romanische Basilika (mit zwei niederen Abseiten) gewesen sein muss, die einer westlichen Thurmanlage entbehrte, aber vielleicht, ähnlich wie die Kirchen in Gangloffsömmern und Ottenhausen, am östlichen Ende vor dem ursprünglichen Presbyterium mit einem Doppelthurme ausgestattet war.[1] Diese alte, muthmasslich erste Kirche wurde wahrscheinlich nach dem grossen Stadtbrande von 1331, „durch welche nicht nur die halbe Stadt mit der Kirche S. Petri eingeäschert wurde, sondern auch alle Urkunden und Briefe der Stadt, sowie auch sämmtliche Geschmeide und Verzierungen der Kirche vernichtet wurden" (v. Hagko S. 14), durch einen Neubau gothischen Stils ersetzt, von welchem indess nur der hohe Chor (s. in Fig. 43) noch übrig ist. Derselbe ist 14 m hoch und besteht bis zu

Fig. 43.

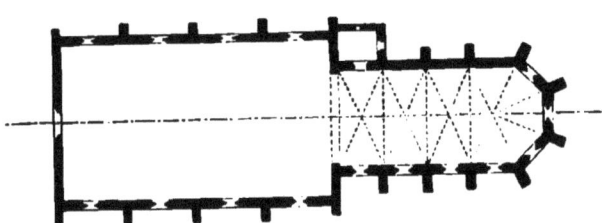

dem Halbachteckschlusse, bei einer lichten Weite von 9,3 m und 20,4 m Länge, aus drei mit gerippten Kreuzgewölben überspannten Jochen, ist also für eine städtische Pfarrkirche auffallend lang, was sich indess daraus erklären dürfte, dass dieser Theil der Kirche zugleich für den Gottesdienst der Brüder des Johanniter-Ordens bestimmt war, welcher, wenn nicht schon früher, zu Anfang des 14. Jahrhunderts in Weissensee eine Niederlassung gegründet hatte, deren Verhältnisse im Jahre 1337 von dem Stadtrathe geordnet wurden.[2] Der mit Strebepfeilern besetzte, in guten

---

[1] Nach einer handschriftlichen Bemerkung des Pastors Loltzmann in Tunzenhausen (v. Hagke S. 44) dürften „die in der Mitte der Kirche befindlich gewesenen 2 Thürme, von deren einem man auf der Mittagsseite vor längeren Jahren noch einige Grundsteine aus der Erde vorragend gefunden, und über welchen ein kleinerer Thurm sich erhob, schon bei einem von den Kirchenvisitatoren im Jahre 1575 angeordneten Bau abgetragen worden sein." — Auf der Stadtansicht bei Merian (s. oben S. 59) hat die Stadtkirche einen dicken Dachreiter, und scheint damit der „Glockenstuhl" gemeint zu sein, der (nach v. Hagke S. 39) zum letzten Male 1681 erneuert wurde, ehe man 1774 den jetzigen Glockenschuppen vor der Kirche erbaute. H. O.

[2] Der Ordenshof, Pfaffenhof oder Servent genannt, lag in der Nähe der Kirche, und es gehörte dazu ein Hospital zur Unterhaltung der Armen und Siechen, zur Herberge aller nothdürftigen Leute, auch mit der Vorpflichtung, „3 Aussätzige vor der Stadt mit der Schüler Speise zu speisen." — Ueber die Geschichte der Commende bis zu ihrer gänzlichen Auflösung im Jahre 1828 vergl. v. Hagke S. 14 - 24.

Verhältnissen im Stil der Mitte des 14. Jahrhunderts gebaute Chor wurde im Jahre 1610 von einem nicht zündenden Blitzstrahle getroffen, und es musste 1691 das schon lange schadhaft gewordene Gewölbe erneuert werden. Beim Abnehmen eines Schlusssteines stürzte ein Theil des Gewölbes ein und verschüttete den Maurermeister Schmidt aus Erfurt, einen gebornen Ungarn, der jedoch, freilich für immer verkrüppelt, mit dem Leben davon kam.[1] Gleichzeitig mit der Erbauung des Chores mag auch im 14. Jahrhundert das Schiff als gothischer Hallenbau neu begonnen, aber nur an der Südseite fertig geworden sein: denn bei der Kirchenvisitation im Jahre 1575 wurde verordnet, dass die mitternächtliche Seite der Kirche (wo also damals noch das alte niedere Seitenschiff der ursprünglichen Basilika bestanden zu haben scheint) erhöht und der Mittagsseite gleich gemacht, auch mit Fenstern versehen werden solle. Ob diese Anordnung bereits damals zur Ausführung gekommen sein mag, ist unbekannt; es könnte auch erst im Jahre 1619 geschehen sein, wo wegen eines Baues an der Kirche der Gottesdienst im Sommer 14 Wochen hindurch in der unteren Nicolaikirche gehalten werden musste. Dass beide Langseiten des jetzigen Schiffes aus verschiedenen Bauzeiten herrühren, lehrt die Verschiedenheit der Fussgesimse. Die auf beiden Seiten vorhandenen Strebepfeiler deuten auf beabsichtigte Einwölbung des Schiffes, die aber nicht zu Stande gekommen ist, indem man sich schliesslich mit einer cassettirten Brettdecke begnügte. — (Fig. 43 ist nach dem in Fig. 24 S. 41 gegebenen Maasstabe gezeichnet).

Den Altar der Kirche schmückt ein reicher, in Schnitzwerk ausgeführter, innerlich vergoldeter Flügelschrein. Unten sind zwei Reihen von Figuren; in der unteren Reihe nimmt Maria mit dem Kinde die Mitte ein, und neben ihr stehen 12 Heilige, je 6 auf jeder Seite, die wegen fehlender Attribute schwer zu bestimmen sind. Auf der Fussleiste steht in Minuskeln:

wir haben euch ein ebcrlamb das ist christus der uns geopfert I. Cor. 5,8[2]

In der oberen Reihe ist zwischen je 5 Heiligen die Krönung Christi dargestellt und darüber steht:

psalite et videte quoniam suavis est dominus. Ps. 34 (Vers 9).

Die Seitenklappe links enthält eine Darstellung des heil. Abendmahles, die rechts stellt das Gebet am Oelberge vor. — Ueber diesem Schreine steht nun noch unter einem sehr fein geschnitzten Oberstück ein anderer Schrein, in welchem die Grablegung in vielen geschnitzten Figuren dargestellt ist, und auf der linken Seitenklappe S. Laurentius mit dem Rost, auf der rechten S. Petrus mit dem Schlüssel. Beide Schreine scheinen vom Ende des 15. Jahrhunderts oder Anfang des 16. Jahrhunderts herzurühren.[3]

---

[1] Dass der Altarraum jetzt im Aeussern sehr baufällig erscheint, liegt an dem gewählten leicht verwitternden Sandstein, und wahrscheinlich auch an einem übereilten Bau. Reparaturen werden hier nicht viel helfen, die vielen eingezogenen Anker nur eine Zeit lang hinhalten, bis ein Neubau unvermeidlich erscheint. G. S.

[2] Die Verszahl ist unrichtig und müsste (statt 8) 7 heissen.

[3] Es ist nicht zu verschweigen, dass die deutsche Inschrift an diesem Altare aus der Luther'schen Bibel entnommen sein dürfte, und dass die lateinische Inschrift zwar in Worten der Vulgata angeführt ist, aber nach der von dieser abweichenden Luther'schen Zählung der Psalmen. H. O.

Ein altes Oelbild, welches 1563 von der Familie des Superintendenten Gregor Jostelius (aus Dresden) gestiftet wurde, stellt die Auferstehung Christi dar, in Verbindung mit dem alttestamentlichen Typus: Jonas, dem Fische entsprungen, hat sich auf das Land geflüchtet. — Ausserdem ist ein Grabdenkmal von 1565 zu erwähnen, welches den Nachfolger des genannten Jöstel, „Weissenae superint. Schoenburg" darstellt, mit seinem Wappen zu seinen Füssen. Letzteres zeigt einen nackten Mann, der mit der Rechten eine Mondsichel emporhält. Die neben dem Wappen stehenden Buchstaben I. S. bezeichnen den Namen: Johannes Schönburg.

Erwähnt mag noch ein sehr grosser und schöner Teppich werden, welcher zahllose, mit der Hand gestickte Blumensträusse enthält und ein Geschenk aus dem Beginn des jetzigen Jahrhunderts ist.

Die drei Glocken der Kirche hängen in einem vor dem Westgiebel 1774 neu errichteten, besonderen Schuppen; die kleinste hat 1,02 ᵐ Durchmesser und ist die älteste. Nach ihrer Majuskelinschrift:

ANNO · DM · MCCCXXVI · X · KL · SUPTUMBRIS · AMA ·

ist sie am 23. August 1326 gegossen. Die grosse Glocke von 1,54ᵐ Durchmesser ist von Eckart Kucher (aus Erfurt) 1582 gegossen und hat Ps. 50,5 — 7 als Inschrift; die mittlere oder Festglocke von 1,51ᵐ Durchmesser ist im November 1614 von Jacob König aus Erfurt gegossen und mit dem Stadtwappen, (wie es auf dem Steine am Fischerthor Fig. 40 gebildet erscheint) geschmückt; die bei v. Hagke S. 44 abgedruckte lateinische Inschrift enthält ausser dem Datum die Namen der beiden damaligen Geistlichen und der beiden Bürgermeister der Stadt.

Von Profanbauten sind zu erwähnen:

1. Das landesherrliche Schloss (zuweilen die Weissenburg genannt), dessen Gründung durch die Landgräfin Jutta in der Zeit um 1170 bereits oben S. 54 berichtet ist. Im Mittelalter waren daselbst auf „zwei Burglehen um den Mittelthurm" und auf Freihöfen in der Burggasse mehrere Ministerialen als „castrenses" angesessen, von welchen einer das Amt eines landgräflichen Vogtes bekleidete. Unter den Burgmannen und Vögten finden sich vertreten: im 13. Jahrhundert eine Familie de Wizense, im 14. Jahrhundert die von Goltacker, Meitz, Kranichborn, Greussen, Bruchterde, Grüningen, Braterode, Sommeringen, Hack, Wirterde, Czenge, Reiche, im 15. Jahrhundert die von Rodte, Hossilgau, Hermannsgrün, Weberstedt, Nethern, Hetzebold, Getze, Spira, die Grafen von Gleichen (Tonna) u. a. m.

Das von einer Ringmauer umfasste Burgterritorium ist kreisrund, und diese Anlage ist jedenfalls als ursprünglich anzuerkennen.[1] Die Ringmauer schliesst sich an ihrer Ostseite der Stadtmauer an und hat hier ein besonderes Thor. Das

---

[1] Das Schloss heisst deshalb seit alters im Volksmunde der „runne (runde) Berk," die „Runneburg," und dies hat Veranlassung gegeben, dass mehrere Chronisten die blutige Schlacht an der Unstrut, in welcher im Jahre 528 der letzte König der Thüringer von dem Frankenkönige Theodorich auf das Haupt geschlagen wurde, und die nach späterer Angabe an einem Orte Thüringens „Runiberg" genannt, geliefert worden sein soll, hieher verlegen: eine blosse, durch nichts zu beweisende Hypothese, da die Weissenseer Runneburg anscheinend allenfalls erst im 12. Jahrhundert entstanden ist.

stark verwitterte Schlossthor[1] zeigt noch einen romanischen Rundbogen, der mit Lisenen eingefasst und mit dem Rundbogenfries bekrönt ist. Toppius Sign. A 3 theilt eine schon damals defecte Inschrift mit, die am Schwibbogen des Thores in die Steine gehauen war, vermuthlich aber an dem später abgetragenen Thorthurme gestanden haben wird; sie enthielt das Todesjahr des Landgrafen Heinrich Raspe und lautete angeblich: **A. M. CCXLVII obiit H. Romanorum Rex Landg. Tur.** Demselben Gewährsmanne zufolge soll an einem Steine etwas höher, noch eine andere, aber schon völlig unleserlich gewordene alte Inschrift gestanden haben. — Ausser diesem noch einigermassen vollständigen romanischen Thorbau finden sich hie und da, besonders an der östlichen Partie der jetzigen Schlossbaulichkeiten, die in den verschiedenen Jahrhunderten je nach Bedürfniss umgebaut und verbaut worden sind und nichts weniger als einen erfreulichen Eindruck machen, romanische Reste von Fenstern und Thüren; sie sind lediglich als Baumaterial benutzt, und eine specielle Aufführung und Abbildung derselben erscheint entbehrlich. Wir beschränken uns auf Mittheilung einiger Nachrichten über einzelne bauliche Veränderungen, die sich bei v. Hagke zerstreut finden: Im Jahre 1554 wurde das Schloss zum Sitz für die Witwe des Kurfürsten Moritz hergestellt. 1578 wird (S. 717) das alte „wüste" Burglehn erwähnt, dessen Giebel eingestürzt war. In den Jahren 1580 und 1581 sind die Wohngebäude auf dem Schlosse „fast mehrentheils" neu aufgebaut worden. Zur Weissenfelsischen Zeit, wo die Herzöge des ergiebigen Entenfangs wegen und zur Veranstaltung glänzender Herbstfeste häufig nach Weissensee kamen, wurde 1738 das sogenannte Fürstenhaus neben dem Schlosse aufgeführt. Um Mitte des 18. Jahrhunderts liess Kurfürst August II. den „Streitthurm" am Schlosse bis auf den jetzt noch vorhandenen Ueberrest abtragen, welcher letztere als höchst plumpe viereckige Masse das anstossende Gebäude nur wenig überragt und mit einer Schieferhaube gedeckt ist. Der Thorthurm bestand bis zum Jahre 1800, wo auch er niedergelegt wurde. — Jetzt ist das Schloss Sitz königlicher Behörden etc., und der freie Raum umher, der wahrscheinlich im Untergrunde viel Bauschutt enthält und deshalb von unfruchtbarer Beschaffenheit sein wird, erscheint ziemlich wüst in der Eintheilung; nur nach der Stadt zu sind kleine Blumen- und Gemüsegärten angelegt.

2. Das **Rathhaus**, über dessen Erbauung nichts verlautet, ist im Mittelalter zweimal abgebrannt; das erste mal bei dem grossen Stadtbrande von 1331, wo alle Urkunden und Briefe der Stadt vernichtet wurden. 1351 werden aber wieder Verhandlungen „auf dem Stadthause" oder Rathhause erwähnt, es war also wieder gebaut worden, brannte indess 1474 abermals mit einem grossen Theile der Stadt ab, und 1476 erliess Herzog Wilhelm eine Verordnung wegen des Wiederaufbaues, über welchen weiter nichts bekannt ist. Dann fanden im Jahre 1547 bauliche Veränderungen statt, wie durch Inschriften feststeht. Namentlich liess

---

[1] Nach einer mir durch Güte des Herrn O. Stapel in Jena vorliegenden Reisenotiz seines Vaters, des verstorbenen Baurathes Stapel zu Dresden ist die Oeffnung des durch die Wallmauer führenden Thores im Halbkreise überwölbt, der sich auf einfache Kämpfer stützt, auf denen sich Lisenen erheben, die oben durch einen aus 10 Kleinbögen bestehenden Fries verbunden sind, und darüber ladet ein Bandgesims mit stark verwitterter Schachbrettverzierung aus. H. O.

Weissensee.

damals der Kurfürst Moritz dem Rathhause ein schmuckvolles Treppenhaus (die hier sogenannte Cavate) vorbauen. Nachdem letztere, die von aussen den Aufgang bildete, als dem Verkehr hinderlich und die gerade Linie der Häuserfront störend im Jahre 1845 wieder weggebrochen worden ist, steht das Rathhaus als ein altes, unansehnliches Gebäude da, mit einem sich stark nach Westen neigenden Thurm. Im oberen Vorsaal hat man eine von der Cavate herrührende, 1,87 ■ lange und 0,85 ■ hohe Steintafel aufgestellt, von welcher Fig. 44 eine Abbildung giebt.

Fig. 44.

Sie zeigt im Relief eine aus drei Bogenstellungen gebildete Arkatur. Der mittlere Bogen ist breiter und elliptisch, die Seitenbögen sind mehr halbkreisförmig, und die Säulen bestehen aus je zwei übereinander gestellten phantastisch geschmückten Docken. Im mittleren Bogenfelde steht auf einem Bande die Jahreszahl 1547 und darunter das sächsische Wappen mit dem Rautenkranz im Herzschilde. Das Feld zur Linken enthält auf einem Bande das Wort „Töringen" und darunter einen Schild mit dem thüringischen Löwen; im Felde rechts endlich steht auf einem Bande der Name „Weyßenſebe," und darunter befindet sich das Stadtwappen. Bemerkenswerth ist ferner der aus derselben Zeit herrührende Holzflügel der rundbogigen Rathhausthür wegen der daran in Farben ausgeführten Wappen. Oben in der Mitte des Bogens ist ein Schild mit den beiden gekreuzten Kurschwertern und darüber die Jahreszahl 1547 angebracht, links in einem kleinen Bogen das Rautenkranz-, und rechts ebenso das Stadtwappen. Auf dem oberen Rande des Thürflügels steht die Umschrift (Fig. 45):

Fig. 45.

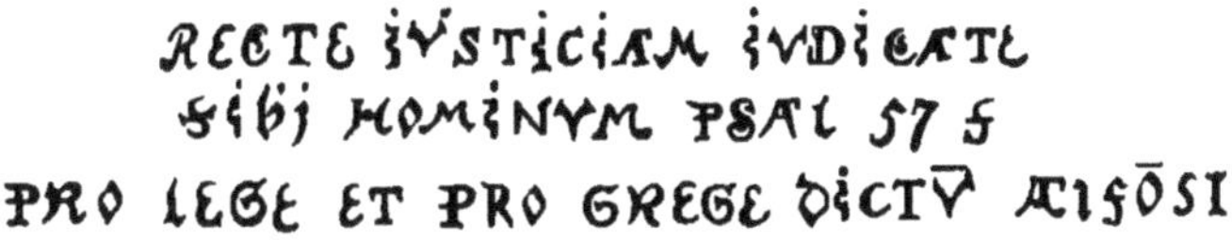

RECTE IVSTICIAM IVDICATE
SIBI HOMINVM PSAL 57 5
PRO LEGE ET PRO GREGE DICTV ÆISŌSI

Der Bibelspruch ist freie Umbildung des zweiten Verses aus dem 57. (nach Luther 58.) Psalm der Vulgata; das hinzugefügte angebliche Dictum Alfons des Weisen findet sich zwar nicht unter den von Antonius Panormitanus (Alphonsi Arugon. regis facta et dicta) aufgezählten 49 Aussprüchen desselben;

der Sammler fügt indess hinzu, dass ausser diesen noch viele andere Dicta des Königs bemerkenswerth seien.[1]

Auf dem Rathhause befinden sich die in ganzer Figur ausgeführten Bilder der fürstlichen Wohlthäter der Stadt, des Landgrafen Balthasar (s. oben S. 55) und seiner Gemahlin Anna von Sachsen.

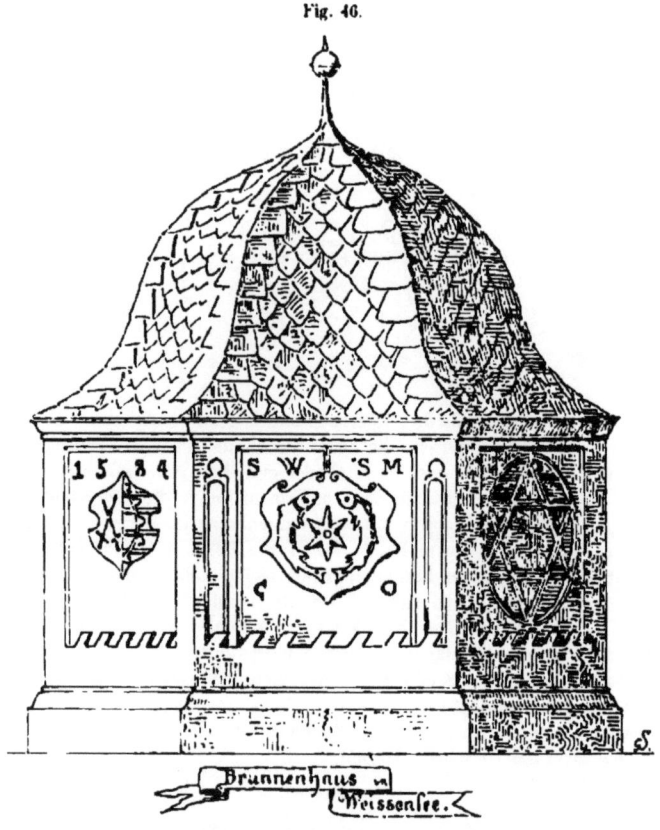

Fig. 46.

3. In der Stadt befindet sich am Fischerthore ein Brunnen, dessen Gehäuse aus Steinplatten im Sechseck zusammengestellt und mit einem geschweiften Schiefer-

---

[1] Nach einer gefälligen Mittheilung des Herrn Professors Ad. M. Hildebrandt in Berlin kommt der Spruch „pro lege et pro grege" ziemlich häufig als Devise fürstlicher und adeliger Personen vor und kehrt namentlich in Stammbüchern des 16. und 17. Jahrhunderts häufig wieder, oft auch mit der Variation „pro lege, rege et grege." Doch ist es auffällig, dass Dr. M. Löbe in seinem Buche „Wahlsprüche, Devisen und Sinnsprüche der Kurfürsten und Herzöge von Sachsen. 1878" diesen Spruch nicht ein einziges Mal erwähnt.

dach überdeckt ist. Die Entstehungszeit ist durch die daran befindliche Jahreszahl 1584 gesichert. Von den sechs Seiten des Brunnenschreins ist jede verschieden verziert; auf der Seite, wo die Jahreszahl steht, ist darunter das kursächsische Wappen (in einem längs getheilten Schilde rechts die beiden Schwerter, links der Rautenkranz) angebracht. Ein anderes Feld zeigt das Stadtwappen, neben welchem oben die Siglen **SW** und **SM**, unten **C** und **O** stehen, worin wahrscheinlich unbekannte Personennamen verborgen sind. Eine dritte Seite ist mit einem grossen in einen Kreis gezeichneten und aus Leistenwerk gebildeten Pentagramm geschmückt. Vergl. Fig. 46, in welcher die beschriebenen Felder dargestellt sind. Das ganze Brunnengehäuse ist ohne die Plinthe, welche verschiedene Höhe hat, bis zum Dachgesimse 1,3 ᵐ hoch.

Der auf dem Markte stehende Brunnen ist schmucklos.

Wenigensömmern.

Kirchdorf mit einem Rittergute, 6 Km. südöstlich von Weissensee, am rechten Ufer der Unstrut, in Urkunden erst seit 1318 von Sömmerda (Somerde major Grossensömmern) unterschieden als Somerde minor, Wenigen-Somerde und im 17. und 18. Jahrhundert zuweilen auch Kleinsömmern genannt. Da dieser Ort gegen 3 Km. von der Stadt Sömmerda entfernt ist, dürfte derselbe kaum als eine erst im 14. Jahrhundert entstandene Abzweigung von jener anzusehen sein, sondern hat vermuthlich schon viel früher existirt, was aber aus den oben in der Note zu S. 37 angegebenen Gründen nachzuweisen nicht möglich ist. Im 14. Jahrhundert hatte das Augustinerkloster zu Erfurt Besitzungen in Wenigensömmern, und 1480 wurde das Klostergut an einen Herrn von der Herde (? Hertha) verpachtet. Lehnsrechte über das Dorf und das Vorwerk übten sowohl die Landgrafen aus, wie auch das Kloster Fulda. Die Grafen von Beichlingen erscheinen seit 1407 im Besitz; sie thaten das Dorf verschiedentlich in Afterlehn aus oder verpfändeten dasselbe. Im Jahre 1540 gelangte das Gut durch Beleihung an die Familie von Teutleben, bei welcher es bis gegen Ende des folgenden Jahrhunderts verblieb und dann in verschiedene Hände überging.

Die dem heil. Nicolaus geweihte Kirche ist gutsherrlichen Patronats und nach von Hagke S. 705 im Jahre 1722 erbaut. In derselben befindet sich ein ziemlich gut erhaltener Altarschrein mit geschnitzten Figuren vom Anfang des 16. Jahrhunderts. Die Mitte nimmt ein Crucifixus ein, und zu dessen Rechten steht Maria, sich im Schmerz abwendend, ausserdem S. Barbara und ein heil. Bischof (S. Nicolaus?). Die ehemaligen Flügelthüren des Schreins sind gemalt und jetzt an der Kanzelbrüstung befestigt, rechts die Verkündigung Mariae, links die Anbetung der Könige. Auf erstgenanntem Bilde ist auf einem verschlungenen Bande eine Minuskelinschrift angebracht, deren Buchstaben der Windung des Spruchbandes folgend zum Theil verkehrt stehen. Die Inschrift lautet:

ave gracia plena dm. tecum | ecce ancilla domini fiat michi secundū verbum tuum.

Es ist also aus Luc. 1 V. 28 die Begrüssung des Engels an die Jungfrau und aus V. 38 die Antwort der Maria.

An den Langwänden der Kirche sind zwei Steinepitaphien der Familie von Teutleben aufgestellt. Das an der Nordwand von 1604 zeigt eine Rittergestalt und zwei Wappen, deren eines im Schilde zwei Flügel mit Bändern und als Helmzier zwei Krebsscheeren enthält; das andere hat im Schilde einen Schrägbalken mit durchstochenem Fuchs, was sich als Helmschmuck wiederholt. — Der Grabstein an der südlichen Wand hat keine Jahreszahl, scheint aber derselben Zeit anzugehören. Auf demselben befinden sich ebenfalls zwei Wappen: von Teutleben und von Ambsdorff; letzteres mit einem springenden Bock im Schilde und mit einem wachsenden Bock auf dem Helm. Die drei Glocken auf dem Thurme haben 1,07, 0,84 und 0,69 m Durchmesser und sind 1838 von J. Heinr. Ulrich in Laucha gegossen. Vorher waren statt derselben zwei aus dem Jahre 1735 vorhanden, deren lateinische Inschrift sich bei v. Hagke S. 706 abgedruckt findet. Der Ortsname ist darin „Micro Soemerda" gräcisirt.

Wundersleben.

Kirchdorf mit einem Rittergute, 5,5 Km. südwestlich von Weissensee am linken Ufer der Unstrut, 1227 Wunnrislebin, 1281 Winrisleben, 1343 Winresleben, 1407 Wunnersleiben, 1425 Vunresleiben, 1499 Wonnersleuben, 1545 Wunnersleuben, 1575 Wondersleben geschrieben. Eine gleichnamige Familie wird schon im 12. Jahrhundert erwähnt, es ist aber nicht nachgewiesen, ob dieselbe in diesem Dorfe ansässig war, wo ausser den Klöstern Oldisleben, Weissenborn, Himmelsgarten und dem Marienstifte zu Erfurt im Mittelalter verschiedene Adelsgeschlechter Besitzungen und Einkünfte hatten, im 14. und 15. Jahrhundert namentlich die Familie von Hake. Die von Wittern besassen das Rittergut drei Jahrhunderte hindurch bis zum Jahre 1817.

Die dem heil. Bonifacius geweihte und unter gutsherrlichem Patronate stehende Kirche kommt in einer Urkunde vom Jahre 1449 vor, in welcher Lutze Worm zu Tunzenhausen (s. oben S. 51) als Lehnsherr einer zu derselben gehörigen Vicarie und Johannes Koch als Priester und Vicar in Wundersleben aufgeführt werden. Das gegenwärtige Kirchengebäude datirt laut der über dem Haupteingange in Stein gehauenen Jahreszahl vom Jahre 1706.

Die auf dem Thurme befindlichen drei Läuteglocken von 0,90, 0,72 und 0,58 m Durchmesser sind 1855 von Benjamin Sorge in Erfurt gegossen. Die Uhrglocke von Melchior Möringk daselbst rührt aus dem Jahre 1624 her.

An einem Thorpfeiler der Kirchhofsmauer steht:

Rirchen geben fremet nich almos geben armut nicht durecht gut fafcl nit. Carpius. 13. cfirr. cb. J. 6. 8. J. T. T.

Der Schluss dieser Inschrift, ausgenommen die Jahreszahl 1581 und die Initialen eines nicht bekannten Namens H. T., bleibt unerklärt. „Unrecht Gut faselt nicht" oder „druset nicht," war eine im 15. und 16. Jahrhundert sehr übliche sprichwörtliche Redensart, mit der Bedeutung: Unrecht Gut schlägt nicht Wurzel, wächst nicht, gedeihet nicht, bringt nicht Frucht. (Vergl. Grimm, Deutsches Wörterbuch 3, 1338; Frisch, Deutsch-Latein. Wörterbuch (1741) 1, 249; Wander, Sprichw. Lex. II, 197). Bei von Hagke S. 718 steht fälschlich: Unrecht Gut fesselt nicht.

Kunststatistische Uebersicht.

er Kreis ist arm an mittelalterlichen Baudenkmälern. Kirchengebäude ersten oder nur zweiten Ranges sind in den kleinen Städten und bei den wenigen Nonnenklöstern aus vorliegenden Gründen auch niemals vorhanden gewesen. Ueberdies ist unter den städtischen Kirchen und auch auf dem Lande, wo die meisten Gotteshäuser neuerer Zeit angehören, kaum eine noch aus einem Guss oder in wesentlich unverändertem Zustande. Glücklicherweise haben sich indess einige spätromanischer Zeit angehörige Doppelthurmanlagen erhalten, die von besonderem, nicht bloss archäologischen, sondern auch künstlerischen Interesse sind. Dorfkirchen, deren Thurm über dem Quadrate des Presbyteriums, zwischen Schiff und Absis, also östlich errichtet ist, und die in den nördlicheren Gegenden so selten vorkommen, dass sie z. B. in der Altmark im Volksmunde „verkehrte Kirchen" heissen, finden sich wie weiter im Süden, in Thüringen sehr häufig, und man pflegt diese abnorme Anlage aus Ersparnissgründen zu erklären. Solche Rücksichten können es aber nicht gewesen sein, die am Dome und an der Severistiftskirche in Erfurt die Anlage östlicher Doppelthürme über einem gemeinsamen Unterbau herbeigeführt haben. An den beiden genannten Gebäuden erscheint diese eigenthümliche Anlage infolge späterer Veränderungen zumtheil verdunkelt, tritt dagegen an den klösterlichen Kirchen zu Gangloffsömmern und Ottenhausen noch in klarer Ursprünglichkeit hervor. Namentlich sind es das schöne Ebenmaass der Verhältnisse und die reizvolle, den Verbindungsbau beider Thürme belebende Arkadengalerie, wodurch sich ersteres Bauwerk auszeichnet. Hier legt sich der Ostseite des Thurmbaues ein gerade geschlossener Chorraum vor, in Ottenhausen, dessen Kirche gedrücktere Verhältnisse und unordentliche Ausführung zeigt, eine polygonische Absis. Nicht unwahrscheinlich hatte auch die Petri-Paulikirche in Weissensee ursprünglich eine solche Thurmstellung. Dagegen hatte die etwas älterer romanischen Zeit entstammende Nicolaikirche dieser Stadt ursprünglich ohne Zweifel einen breiten westlichen Sattelthurm (mit oder ohne Dachreiter), wie letztere Anlage in den niedersächsischen Gegenden am häufigsten vorkommt und zur Unterbringung der Glocken auch praktisch am zweckmässigsten ist. — Spuren romanischen Baustiles sind ausserdem nur an den Kirchen der Dörfer Rohrborn, Nieder- und Ober-Topfstedt nachgewiesen.

Sehr zu bedauern ist die Zerstörung der Landgrafenburg in Weissensee, deren geringe romanische Ueberreste am Schlossthore und am Schlosse selbst auf das 12. Jahrhundert deuten und eine ziemlich reiche Anlage voraussetzen lassen. Auch die Kreisform des Beringes ist von besonderem Interesse für Militär-Architektur, da diese Form, wenn rein geblieben wie hier, von grosser Seltenheit ist.

Die gothischen Stadtkirchen in Kindelbrück und Sömmerda rühren aus späterer Zeit her und tragen so viele Spuren von zahlreichen, durch Brände veranlassten Aenderungen an sich, dass sie nicht gerade befriedigenden Eindruck machen. Die Weissenseer Hauptkirche gehört mit ihrem Chore der ersten Hälfte des 14. Jahrhunderts an und würde noch am ersten bei ihrer hohen Lage und ihren hohen Verhältnissen der Stadt zum Schmucke gereichen können, wenn sie nicht durch Verwitterung und vielfache Verankerung entstellt wäre. Kunstgeschichtliches Interesse bietet sie in ihrer jetzigen Verfassung gar nicht. — Geringere gothische Ausführungen, zumtheil erst aus dem 16. Jahrhundert finden sich an den Kirchen in Gross-Ballhausen, Frömstedt, Gebesee, Günstedt, Schallenburg und Straussfurt.

Das Innere der mittelalterlichen Kirchen des Kreises bietet nur vereinzelt Gegenstände von Interesse. Hieher gehören wegen ihrer Seltenheit in erster Linie die sorgfältiger Conservirung zu empfehlenden Sakramentshäuser in Gangloffsömmern und in der Nicolaikirche zu Weissensee. Sakramentsnischen haben sich erhalten in den Kirchen von Günstedt, Kindelbrück, Lutzensömmern und Nausiss. — Unter den noch in grösserer Anzahl vorhandenen und meist auch gut erhaltenen Schnitzaltären zeichnen sich die in Sömmerda und Weissensee besonders aus, und auch die von Frömstedt (leider durch Anstrich entstellt), Gangloffsömmern, Ottenhausen, Schallenburg und Wenigensömmern gehören zu den besseren Werken dieser Art; dagegen haben die Altäre in Klein-Ballhausen, Gebesee, Kutzleben und Schwerstedt nur mittelmässigen Werth. Die Schreine in Ottenhausen, Sömmerda und Weissensee zeigen ausser den Schnitzbildern auch Oelmalereien aus dem 15. Jahrhundert. — Aeltere Taufsteine sind ausser dem in der Nicolaikirche zu Weissensee befindlichen Fragmente weiter nicht nachgewiesen; in Gangloffsömmern liegt eine grosse Schale in einem Winkel des Kirchhofes, und in Henschleben dient eine solche im Dorfe als Brunnentrog. Die Taufsteine in Straussfurt und Ober-Bösa gehören der Barokzeit an. — Grabdenkmäler aus dem Mittelalter sind sehr selten; der älteste Grabstein ist von 1365 (in Schilfa); ein anderer von 1440 befindet sich in Sömmerda, ein grösseres Epitaphium von 1484 an der Kirche zu Straussfurt. — Wegen der sauberen Arbeit und wegen ihres verhältnissmässigen Alters ist die an einem Chorstrebepfeiler der Bonifaciuskirche zu Sömmerda angebrachte steinerne Sonnenuhr erwähnenswerth.

Von älteren Profanbauten ist nur das der Früh-Renaissance angehörige Rathhaus zu Sömmerda zu nennen, hauptsächlich wegen der Steinmetzarbeiten am Eingange in den Rathskeller. — Das Rathhaus in Weissensee ist seines früheren Schmuckes beraubt und verbaut. Die Rathhäuser zu Kindelbrück und Gebesee rühren ganz aus neuerer Zeit her. — Der Brunnen am Fischerthor zu Weissensee von 1584 ist Renaissance mit Einmischung einzelner gothischen Formbildungen.

Die Rittergüter auf dem Lande haben nur gründlich umgebaute modernisirte Herrenhäuser aufzuweisen, und auch das erst im 18. Jahrhundert erbaute Schloss der Commende Griefstedt gehört eigentlich nicht in den Rahmen des vorliegenden Werkes, verdiente aber hineingezogen zu werden, da es im Renaissancestil ausgeführt ist, und besonders der effectvoll decorirte und mit vielen Wappen ausgeschmückte schöne Kirchensaal zur Vergleichung mit anderen Kirchen des Johanniterordens Anlass bietet.

Ausser den in Griefstedt befindlichen vielen Wappen von Gebietigern des

Ordens kommen auf Epitaphien etc. in den Kirchen etc. des Kreises unter anderen vor die Wappen der Adelsgeschlechter von Beichlingen, Hagke, Hausen, Heringen, Hopfgarten, Keudell, Kromsdorf, Münchhausen, Teutleben, Wangenheim und Werthern.

Vorkommende Namen von Künstlern und Werkmeistern sind:
1. Nickel Krantz aus Frankenhausen erbaut die Stadtmauer zu Kindelbrück 1508.
2. Eoban Grunewald von Erfurt, Portraitmaler in Griefstedt um 1560.
3. Claus Rabe, Baumeister der Kirche zu Henschleben 1561.
4. M. Merte Maller, Verfertiger eines Reliefs an der Bonifaciuskirche zu Sömmerda 1562.
5. Schmidt, Maurermeister, ein Ungar, ist 1691 bei Erneuerung des Chorgewölbes der Hauptkirche in Weissensee thätig.

Glockenschau.

Der Kreis Weissensee besitzt im Ganzen 95 Glocken, es kommen auf (incl. 4 Städte) jede der 31 Ortschaften durchschnittlich 3,1 Glocken. Zwei Dörfer haben je 2, zwei Dörfer je 4, ein Dorf 5 Glocken.

Davon haben:
    2 Glocken gar keine Schrift,
    sind also nicht datirt.
ferner finden sich 24 datirte vor 1700,
                   69 „ nach 1700, also moderne.

Die inschriftlosen pflegt man als die ältesten zu bezeichnen.

Von den datirten gehören:
    2 in das 14. Jahrhundert
    5 „ „ 15. „   ⎫
    4 „ „ 16. „   ⎬ 24
   13 „ „ 17. „   ⎭
   37 „ „ 18. „   ⎫ 69
   32 „ „ 19. „   ⎭
  zusammen 93.

Mit Majuskeln nur 2, mit Minuskeln nur 6 Glocken.

Nach dem Alter der Glocken bis zum Jahr 1650 bildet sich folgende Reihe der datirten Glocken:

1326 Weissensee (Maj.)	1570 Schilfa.
1332 Nuusiss (Maj.)	1582 Weissensee.
1430 Oberbösa.	1613 Kutzleben.
1440 Kutzleben.	1614 Weissensee.
1467 Sömmerda.	1620 Sömmerda ⎫ S. Bonifacii.
1479 Strausfurt.	1620 „ ⎭
1499 Nieder-Topfstedt.	1621 Sömmerda, S. Petri.
1507 Herrenschwende.	1624 Wundersleben.
1561 Strausfurt.	1633 Kl. Ballhausen.

Nach der Grösse, bezw. der unteren Weite bilden die bis zu 0,8 Meter herabgehenden älteren Glocken (bis 1650) folgende Reihe:

1,55ᵐ Weissensee	1582	0,97ᵐ Strausfurt	1479
1,54 „ „	1614	0,96 „ Nied. Topfstedt	1499
1,40 „ Sömmerda	1467	0,93 „ Sömmerda (Bonif.)	1620
1,20 „ Strausfurt	1561	0,90 „ Kutzleben	1440
1,17 „ Herrenschwende	1507	0,89 „ Schilfa	1570
1,14 „ Oberbösa	1430	0,85 „ Nausiss	1332
1,02 „ Weissensee	1326	0,81 „ Kl. Ballhausen	1633
0,98 „ Kutzleben	1613		

Unter den neueren Glocken (seit 1650) haben folgende eine grössere Weite als 1 Meter:

1,58ᵐ Kindelbrück	1762	1,08 „ Kindelbrück	1762
1,35 „ Gebesee	1822	1,07 „ Gangloffsömmern	1764
1,29 „ Gross-Ballhausen	1874	1,07 „ Wenigensömmern	1838
1,29 „ Frömstedt	1773	1,03 „ Gross-Ballhausen	1878
1,27 „ Kindelbrück	1762	1,03 „ Frömstedt	1773
1,24 „ Günstedt	1857	1,02 „ Henschleben	1868
1,16 „ Gebesee	1832	1,01 „ Klein-Ballhausen	1749
1,16 „ Günstedt	1657	1,01 „ Sömmerda (Petri)	1750
1,16 „ Ottenhausen	1725	1,00 „ Nausiss	1724
1,13 „ Sömmerda (Bonif.)	1804	1,00 „ Vehra	1826
1,12 „ Schwerstedt	1671	1,00 „ Waltersdorf	1788

Die grössten Glocken des Kreises sind also in Kindelbrück mit 1,58ᵐ und in Weissensee mit 1,55ᵐ, die kleinste ist in Riethgen mit 0,46ᵐ.

Unter den Glockengiessern werden nach der Zeit, genannt:

        Conrad (Kurt) Kersten, 1499.
        Hans Obentbrot, 1507.
        J. Christoph Geyer in Erfurt, (1561)
        Hans Möringk, daselbst (1570)
        Eckard Kuchen, daselbst (1582)
        Melchior Möringk, daselbst (1613—1624) (4)
        Jacob König, daselbst (1614—1633) (2)
        Herm. Zimmermann, (1620).

Neuere sind:
        J. Fr. Wolf Geyer in Erfurt, (1657—1671) (2)
        Hans Heinr. Rausch „ (1690—1696) (3)
        J. Arnold Geyer in Nordhausen, (1724)
        N. G. Sorber in Erfurt, (1725—1750) (2)
        Kutschbach in Naumburg, (1744)
        J. C. Sorber in Erfurt, (1797—1804) (3)
        G. W. Barth „ (1765) (2)
        G. W. Lange „ (1799) (2)

Gebr. See in Kreuzburg, (1822)
Mich. C. Lange in Erfurt, (1836)
J. Wittig in Erfurt, (1843) (2)
Benjamin Sorge in Erfurt, (1835—1874) (9).
Die Ulrich'sche Werkst. in Laucha und Apolda (1749—1878) (40).

Die üblichen Sprüche betreffend, finden sich auf älteren Glocken:
o rex glorie veni nobis cum pace (1 mal),
hilf got (1 mal),
hilf got maria berot (1 mal),
verbum domini manet in aeternum (3 mal),
gloria in excelpis deo (7 mal),
Soli deo gloria (2 mal),
laus deo (1 mal),
„Die Lebendigen ruf ich, die Toden bewein ich, Oratia heiss ich;
    Hans Obentbrot gaus mich" (1 mal).
spes mea in christo (1 mal).
Als Glockennamen finden sich: Maria (2), Anna, Oratia.
Bilder: Kreuzigung, Petrus und Paulus in Oberbösa.
Stadtwappen: in Kindelbrück. Andre Wappen: von Heringen, Hopfgarten, Keudell, Werthern, Wangenheim, Starschedel.

Inhalt.

	Seite
Einleitung	1
(Gross-) Ballhausen	4
(Klein-) Ballhausen	5
Bonnrode	6
(Ober-) Bösa	6
Frömstedt	7
Gangloffsömmern	9
Gebesee	11
Griefstedt (Commende)	14
Grüningen	24
Günstedt	25
Henschleben	25
Herrenschwende	27
Kindelbrück	27
Kutzleben	30
Lutzensömmern	31
Nausiss	32
Ottenhausen	32
Riethgen	34
Rohrborn	34
Schallenburg	35
Scherndorf	35
Schilfa	36
Schwerstedt	36
Sömmerda	37
Straussfurt	48
(Nieder-) Topfstedt	49
(Ober-) Topfstedt	50
Tunzenhausen	51
Vehra	52
Waltersdorf	53
Weissensee	58
Wenigensömmern	66
Wundersleben	67
Kunststatistische Uebersicht	69
Glockenschau	71

Berichtigungen:

S. 10 ist in der Nota statt Fig. 15 Fig 24 zu lesen.
„ 34 Zeile 14 l. Riothgen statt Rüthgen.